个性养育

李飞 编著

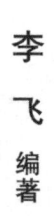 云南科技出版社
·昆明·

图书在版编目（CIP）数据

个性养育 / 李飞编著 . -- 昆明：云南科技出版社，2025.5. -- ISBN 978-7-5587-6051-8

Ⅰ . G78

中国国家版本馆 CIP 数据核字第 2025G9A997 号

个性养育
GEXING YANGYU

李　飞　编著

责任编辑：叶佳林
特约编辑：刘慧滢
封面设计：韩海静
责任校对：孙玮贤
责任印制：蒋丽芬

| 书　　号：ISBN 978-7-5587-6051-8
| 印　　刷：三河市南阳印刷有限公司
| 开　　本：710mm×1000mm　1/16
| 印　　张：11
| 字　　数：150千字
| 版　　次：2025年5月第1版
| 印　　次：2025年5月第1次印刷
| 定　　价：59.00元

出版发行：云南科技出版社
地　　址：昆明市环城西路609号
电　　话：0871-64192752

版权所有　侵权必究

前 言

每个孩子都是独一无二的个体，他们带着各自的气质与天赋来到这个世界，这些特质构成了他们独特的主角光环。虽然气质在一定程度上受后天因素的影响可能发生变化，但每个孩子与生俱来的气质类型仍是我们进行个性化养育的重要依据。

作为父母，我们需要通过观察与互动，判断出自家孩子的气质类型，并在此基础上调整我们的教育方式，使之与孩子的气质特点相匹配。这意味着，我们要充分发挥孩子气质中的积极因素，同时控制和克服其消极的一面，实现气质类型与教育方式的动态平衡。从而将孩子培养成一个生动具体、个性鲜明、能力卓越且人工智能无法代替的新型精英人才。

《个性养育》正是基于这样的理念与背景应运而生的。

本书深度探索了人格理论在育儿实践中的应用，为现代家庭开启了一扇通往个性化养育的新窗口，提供了一系列富有洞察力且实用性强的指导原则。作者巧妙地将心理学中复杂的人格理论转化为易于理解且可操作性强的工具，帮助父母深入理解并识别自己及孩子的独特气质类型。这不仅是一场关于自我认知的旅程，更是促进亲子间深层次理解与连接的桥梁。

通过对个性育儿法的学习，父母们将获得一把新的"钥匙"，用以精准解锁自己和孩子内在世界的秘密。比如，识别出自己的"性格陷阱"——那些可能阻碍有效育儿和个人成长的思维与行为模式，还能深刻理解孩子对爱的独特需求与接受方式。这种深入的理解是建立和谐亲子关系的第一步，也是实现高效沟通的基础。

书中进一步阐述了如何通过调整互动策略，找到最适合自己与孩子的沟通方式。这包括学习如何以孩子最能接受的方式表达爱意，如何设定界限以促进孩子的自主性与责任感，以及如何在面对冲突时采用建设性的解决方法，而不是陷入无效的话语权斗争。

《个性养育》旨在引导父母成为孩子成长路上的智慧导航者，而非仅仅是一位管理者或监督者。通过个性化养育的实践，父母不仅能更有效地支持孩子发挥其潜能，还能提升孩子面对未来挑战的韧性与适应力，为其一生的幸福与成功奠定坚实的基础。

个性育儿对比样板育儿：别让认知差成为孩子出众的阻力

1 孩子不会输在起跑线，只会输在父母的认知上 …………… 002
2 我们的孩子，缺少一份"个性专属培养计划" …………… 005
3 别再让孩子成为古板教育下被量产的"克隆人" …………… 008
4 差父母逼孩子走路，好父母为孩子铺路 …………………… 011
5 精英儿童都是父母用心滋养出来的 ………………………… 014
6 放下焦虑，内向从来不是"次等"的人格 ………………… 017

内向型儿童：把握性格指标，解锁内向儿童的独特潜能

1 探索内向人格深层价值，找到孩子天赋密码 …………… 022
2 对于内向胆小的孩子，我们该如何引导 ………………… 025
3 激发潜在优势，就要给内向孩子有效的赏识 …………… 028
4 内向无须改变，只需延伸一点自我 ……………………… 031

外向型儿童：训练执行技能，整顿聪明却混乱的孩子

1 解析好动与多动，让课堂好动的孩子安静下来 ………… 035
2 执行技能训练，解决外向孩子的三分钟热度 …………… 039

3 杜绝一知半解，培养外向孩子的深度思考能力 ……………… 043
4 允许孩子话多，但要教会孩子高情商表达 ……………………… 046
5 让外向孩子的浮躁情绪逐渐平复下来 …………………………… 050

实感型儿童：不催不逼不打扰，慢性格需要温柔的教养

1 实感型孩子只是爱思考，并不是反应慢 ………………………… 054
2 培养实感型儿童，必须有"三心" ……………………………… 057
3 顺应孩子心理年龄，不要打乱他的成长节奏 …………………… 060
4 忍住，别插手！再慢也要让孩子自己完成 …………………… 064
5 持续精神强化：把孩子当天才，他就是天才 …………………… 067
6 慢进步，在松弛感中完成逆袭 …………………………………… 070

敏感型儿童：正确表达想法和情绪，高敏感等于高势能

1 为什么敏感型儿童总是看上去很任性 …………………………… 074
2 首要任务——保持自己情绪的稳定 ……………………………… 078
3 如何纠正错误想法，又不过度刺激孩子 ………………………… 081
4 敏感型儿童需要找到合适的情绪出口 …………………………… 084
5 孩子自寻烦恼，我们一定要帮帮他 ……………………………… 088
6 引导喜欢自我强迫的孩子走出"完美"的误区 ………………… 091

冒险型孩子：克服单板思维，陪孩子玩出稀缺领导力

1 找出孩子"野性"中的潜力，进行针对性培育 …………… 096
2 保持开放与兼容，不要压制孩子的"特别想法" ………… 100
3 成全孩子的英雄心，让他向着目标正向前进 …………… 103
4 在高明陪玩中正确引导孩子的冒险精神 ………………… 106
5 要让孩子明白，勇敢不是简单粗暴 ……………………… 109
6 在孩子听话与不听话之间找到切入点 …………………… 112

厌学型儿童：递进式学习法，简单快速培养学习兴趣

1 探究厌学原因——你是不是错怪了孩子 ………………… 116
2 反思家庭功能，统治只会导致无望循环 ………………… 120
3 先复盘再归因，解决孩子偏科难题 ……………………… 123
4 不要只看到成绩下滑，要明白为什么成绩下滑 ………… 126
5 调动主观能动性，从"要我学"到"我要学" ………… 129
6 寓学于乐，让孩子把学习当成好玩的事情 ……………… 132

社恐型儿童：脱敏疗愈，帮助孩子克服交际难题

1 注意！千万别忽视孩子人际关系敏感期 ………………… 136
2 孩子社交退缩，问题到底出在哪里 ……………………… 139

3 怕生没有问题，但不要让它成为孩子的问题 …………………… 142
4 家庭情境训练，培养孩子当众讲话的能力 …………………… 145
5 培养合作能力，引导不合群的孩子融入团体 ………………… 148

叛逆型儿童：重建有效沟通，共筑密友型亲子关系

1 理解叛逆背后的声音，倾听孩子的真正诉求 ………………… 152
2 以平等、尊重为基础，解决与孩子之间的代沟 ……………… 156
3 淡化规则与期望，给予孩子适度选择权 ……………………… 159
4 懂得妥协和退让，培养孩子自省心 …………………………… 162
5 纠正叛逆型儿童，合理把握"严、冷、热" …………………… 166

个性育儿对比样板育儿：

别让认知差成为孩子出众的阻力

孩子不会输在起跑线，只会输在父母的认知上

> 每个孩子的脚踝处都隐藏着一根橡皮筋，橡皮筋的另一端紧紧连接着父母所处的认知层次。
>
> 如果父母拥有足够的认知高度，当孩子不慎滑落时，橡皮筋便会释放力量，将孩子拽回安全区域。如果父母认知较低，那么当孩子奋力向上攀登时，这根橡皮筋便可能成为束缚孩子前进的阻力，将孩子不断拉回到原本的位置。

教育研习录

那年，男孩经历两次高考，均榜上无名。与他同病相怜的，是来自同乡的另一位男孩，两人的分数仅一分之差。

他找到了那位同乡男孩，两人一拍即合，决定再次携手并肩，向高考发起冲击。然而，命运却在此刻显现了不同的剧本。同乡男孩的母亲坚决反对，她的话震耳欲聋："还考什么？咱家祖祖辈辈都是农民，你就一直考不上，说明你就是务农的命，老老实实回来给我干活！"

而他的母亲却展现出了截然不同的态度。当得知县里有高考培训班时，她立刻放下手中农活，独自一人前往县城，寻求帮助。

这位普通的山村妇人，既无人脉也无资金，但她凭借着坚定的信念和母爱的力量，忍饥挨饿，在困苦和疲惫中坚守了三天三夜。最终，她成功地找到了培训班的老师，并成功地让老师接纳了他。

那天晚上，雷电交加，大雨如注，乡间的土路崎岖不平。母亲在回家的路上，几次跌入路旁的水沟，但她又凭借着坚强的意志，一次次地爬了起来。当男孩打开家门的那一刻，他看到了浑身湿透、满身泥泞的母亲。

这一幕成为男孩最深切的动力源泉。一年后，他成功地考上了北京大学，走出了那座束缚他已久的大山。

如今，几十年光阴流转，两人再次重逢。他已经功成名就，在国内拥有一家上市教育机构，而那位曾经的同乡男孩，却依旧在生活的原地徘徊，延续着父辈们的生活轨迹。

 教养的底层逻辑

一分之差，却犹如微妙的蝴蝶扇动翅膀，最终竟演化成如今这番天壤之别。其间巨大的差距，恰恰源自父母认知的差异所带来的深远影响。

每个孩子都拥有从普通到卓越的潜质，正是父母日常迥异的教育方式，悄然赋予了他们各不相同的人生轨迹。

孩子的成长，其实是一场对父母认知深度与广度的严峻考验。真正决定孩子人生高度的，并非家境优劣，亦非智商高低，而是潜藏在父母骨血中的认知深度。

父母唯有站得更高，目光更远，才能将孩子带入更广阔的世界，让他们亲身体验这世间更多的精彩与可能。

 个性化养育方案

眼界，应该从幼儿抓起

1. 持续专业成长与学习

父母秉持终身学习的理念，不断深化对教育理论与实践的理解。

父母可以通过参加教育研讨会、在线课程、专业书籍研读等方式，紧跟教育领域的最新发展趋势。

2. 动态适应与策略调整

定期进行教育效果的自我反思与评估，采用定量（如学习成绩、技能掌握情况）与定性（如兴趣变化、情感状态）相结合的方式，全面了解孩子的成长状况。

父母应基于这些反馈，灵活调整教育方法和策略，确保教育活动的个性化与适应性，以更好地契合孩子的独特个性与成长节奏。

3. 拓宽教育视野与实践探索

在条件允许的情况下，父母应将学习从课堂延伸至更广阔的自然与社会环境中，从而拓宽孩子的视野，增进孩子对多元文化的认识和理解，激发孩子探索未知的好奇心和求知欲。

我们的孩子，
缺少一份"个性专属培养计划"

> 孩子拥有各自的性格特质，成长节奏有快有慢，悟性觉醒有早有晚，优势特点也各有不同。如果父母忽视这些差异，用统一的标准去衡量，以同样的模式去教育，其实是对孩子的不公平。当教养方法与孩子的个性不合拍时，教养的效果自然不会太理想。

教育研习录

母亲希望自己的孩子能够全面发展，因此在家中制订了一系列严格的学习计划和要求。在辅导孩子的数学学习时，母亲采用了"统一标准"的方式，为家中的两个孩子（次子，数学天赋出众，总能迅速掌握新概念；长子则对数学感到吃力，需要更多时间和耐心）布置了难度相同的习题和测验。

结果，次子很快就完成了作业，那些对他而言轻而易举的题目开始显得乏味。他渴望探索更深层次的数学奥秘，挑战更复杂的问题，但眼前的任务却无法给予他足够的刺激与满足。渐渐地，他的数学日记中少了那份初时的兴奋与好奇。

而长子的情况则更为复杂。面对与自己能力不相匹配的数学习题，他每一次的尝试都像是在攀登一座陡峭的山峰，每一步都异常艰难。母亲的期望形成了无形的重压，让他在失败与挫败中反复挣扎，逐渐打击了他的自信心。他开始怀疑自己的能力，甚至对数学这门学科产生了深深的恐惧与排斥。

 教养的底层逻辑

提升教育精准度的核心基石在于，父母对孩子人格特质的深刻洞察与精准理解。人格特质作为个体内在稳定的心理特征与行为倾向，本身并无绝对的价值评判标准，每种特质均蕴含着别具一格的潜能。父母的职责就在于，成为孩子人格发展的敏锐观察者与智慧引导者。

父母应当秉持"因材施教"的教育理念，在教育实践中摒弃僵化、统一的模板化教育模式，转而采用定制化的教育策略，即依据孩子的个性特点、兴趣倾向及能力水平，量身定制教育方案。

 个性化养育方案

制订强化孩子优势领域的专属培养计划

1. 客观解读孩子

父母应识别孩子身上的闪光点与潜在优势，同时也要敏锐地察觉到他们可能存在的短板或挑战，密切关注孩子在不同生活场景和学习环境中的表现，捕捉他们在各种情境下的情绪变化、行为模式以及兴趣所在，从而为他们提供更加精准的引导和支持。

2. 教养亦应扬长避短

父母应清晰地界定孩子在哪些领域展现出卓越的才能或天赋，鼓励他们在这些方面大胆尝试；同时，针对孩子相对薄弱的环节，制订切实可行的弥补计划，帮助他们逐步克服障碍，实现均衡发展。

切记，不要过分追求所谓的"全面均衡"。我们的目标是确保孩子的优势得以充分展现并持续发展，同时为他们提供必要的支持与帮助，以克服短板带来的挑战。

3. 设定科学合理的个性化学习目标

基于对孩子兴趣与能力的深入了解，量身定制一套适合他们个人发展的学习目标。

目标不仅要具有挑战性，更要具有可行性，能够让孩子在追求目标的过程中不断感受到成就感与自信心。同时，目标还应具备可持续性，能够促进孩子在学习道路上持续进步、不断成长。

别再让孩子成为古板教育下被量产的"克隆人"

当教育的土壤被过度标准化的模式所侵蚀,孩子们就如同被批量生产的"克隆人",失去了应有的灵性与创造力。扪心自问,在追求效率与分数的背景下,我们是否遗忘了教育的初衷——让每一个孩子都能绽放出独一无二的光彩?

 教育研习录

  王勇的学习成绩总是在班级中下游默默徘徊。但王勇父母拥有一双能洞察孩子心灵的眼睛,他们相信,每个灵魂深处都藏着一片未被发掘的璀璨星空。

  王勇的童年是与夏夜星空紧密相连的。每当夕阳的最后一抹余晖隐没在地平线后,他便会悄悄爬上屋顶,铺开一张旧毯子,仰卧其上,眼睛则紧紧追随着夜空中那些闪烁不定的星辰。在那些寂静而深邃的夜晚,他常常幻想自己成为一名宇航员,驾驶着银色的飞船,穿越星际,探索未知的宇宙奥秘。

  这份对浩瀚星空的无限向往,在一个偶然的机会下被彻底点燃。那是一个周末的午后,王勇在家中翻箱倒柜寻找玩具时,无意间发现了一本尘封已久的《航天模型制作指南》。封面上的火箭发射场景瞬间吸引了他的注意,那些精密的零件、复杂的结构图,以及模型完成后翱翔天

际的想象，让他心潮澎湃。从那一刻起，王勇的世界便被航天模型制作彻底占据。

得知儿子的新爱好后，王勇的父母给予了他极大的理解与支持。他们驱车前往城里的书店，精心挑选了最新的航天模型制作书籍和工具套装。每到周末，家里的小书房就变成了王勇的小型工作室，各种零件、胶水、喷漆散落一地，他总能乐此不疲地沉浸其中。每当遇到难题，父母总是耐心倾听他的困惑，并鼓励他通过查阅资料、网络学习来寻找答案。

为了更好地培养王勇的兴趣，父母还积极联系当地的科技馆和航天爱好者协会，为他争取到了参加兴趣小组和各类比赛的机会。在兴趣小组里，王勇结识了一群志同道合的大朋友。他们共同交流心得，分享制作经验，那份对航天事业的热爱让他们紧密相连。而在比赛中，王勇更是将平日里积累的知识和技能发挥得淋漓尽致，他的作品不仅设计独特，更蕴含着对航天事业的深刻理解和无限憧憬。

终于，在全国性的青少年航天模型制作大赛中，王勇的才华得到了充分的展现。他的作品以其精湛的工艺、创新的构思以及深刻的文化内涵赢得了评委们的一致好评，最终荣获了大奖。

教养的底层逻辑

不少家长不慎滑入形式主义的误区，错误地将孩子的成长轨迹简化为一系列冰冷的数字指标与僵化的任务清单。在形式主义育儿观的桎梏下，儿童的个性表达与真实需求被边缘化。这种表面上的"成就累积"，非但未能促进孩子的全面平衡发展，反而成为其潜能释放与个性成长的沉重枷锁。

更为严重的是，复制粘贴式的教育模式严重抑制了儿童的创造力与想象力，这些宝贵的品质是驱动社会进步与创新不可或缺的原动力。同时，长期缺乏个性化关注与自我认同的培养，还可能出现心理健康问题，影响孩子终生的幸福感与自我价值实现。

个性化养育方案

个性培养,点亮生命的火花

1. 全面评估与深入理解

系统性观察与分析:在日常生活中,运用系统性方法细心观察孩子的行为模式、兴趣偏好以及情绪反应,详细记录并分析其独特性和发展趋势。

深度心理对话:与孩子开展深入而富有同理心的对话,倾听其内心想法、梦想及潜在困扰,以此增进相互间的理解与信任,构建坚实的情感基础。

2. 个性化发展计划制订

目标设定:基于全面评估结果与孩子的个人意愿,精准设定短期与长期的教育发展目标。这些目标须紧密贴合孩子的个性特点,旨在促进其智力、情感、社交及体能等多方面的全面发展。

3. 机会提供与正向激励

多样化资源与支持:为孩子提供多元化的资源和参与机会,如参加各类竞赛、展览、工作坊及研讨会等,以拓宽其视野,深化其在优势领域的理解和专业技能。

成果展示与正向反馈:积极创造平台,如家庭展览、社交媒体分享、学校展示等,让孩子有机会展示自己的努力成果。通过正面的鼓励和认可,增强其成就感与自信心,激发持续学习和探索的热情。

差父母逼孩子走路，好父母为孩子铺路

> 好父母不是要求孩子必须走哪条路，而是为孩子准备多条路，让他们根据自己的兴趣和能力选择最适合自己的方向。在这个过程中，父母的爱与支持是孩子最坚实的后盾，也是他们勇往直前的动力源泉。

 教育研习录

辛佳宁自小就对声音特别敏感，每当电视里播放儿歌或广告时，他总能立刻安静下来，专注地聆听。在他四岁那年，一次偶然的机会，他在邻居家门外听到了钢琴的旋律，那清澈而富有情感的音符仿佛有魔力一般，深深吸引了他。回到家后，辛佳宁兴奋地拉着妈妈的手，用稚嫩的声音说："妈妈，我也想学那个会唱歌的'大盒子'。"

父母意识到，这是辛佳宁内心真实的呼唤，是他们未曾察觉到的孩子的独特兴趣。他们没有立即为孩子报名昂贵的钢琴课程，而是先在家里用旧电脑下载了钢琴教学软件，观察辛佳宁的坚持与热情。几周下来，辛佳宁每天自发地坐在电脑前，用指尖轻触虚拟琴键，那份专注与快乐让父母深受感动。

看到孩子对音乐的热爱非但没有减退，反而日益浓厚，父母决定正式为他的音乐梦想铺路。他们省吃俭用，为辛佳宁购买了一架二手钢琴，

并找了一位经验丰富的音乐老师进行一对一指导。老师很快就被辛佳宁的天赋和努力打动，称赞他有着"天生的乐感"。

对于这种做法，不少亲友持反对态度："学钢琴可是一件很烧钱的事情！你们每个月工资才多少啊！为什么不把钱投资在孩子的学业上呢？并不是每个人都能成为郎朗，只会弹钢琴，以后能找到好工作吗？"

但辛佳宁的爸爸、妈妈不为所动，他们知道，把孩子的天赋培养好非常困难，可如果想毁掉孩子的天赋，真的轻而易举。

除了专业学习，父母还鼓励辛佳宁参加各种音乐活动和比赛，让他在实践中锻炼自己。每当辛佳宁因紧张或挫败而想放弃时，父母总是耐心地倾听他的心声，用温暖的怀抱和坚定的眼神告诉他："你的梦想值得你去努力，无论结果如何，我们都为你骄傲。"

经过数年的不懈努力，辛佳宁终于在全国钢琴大赛中脱颖而出，荣获金奖，并收到了伊士曼音乐学院的演出邀请。站在世界级的大舞台上，他眼含泪光，望向台下为他鼓掌的父母，心中充满了感激。他知道，这份荣誉不仅仅是自己努力的结果，更是父母无条件支持与鼓励的见证。

教养的底层逻辑

"强制化教育"（通常指"逼"），忽视了个体差异与儿童发展心理——每个孩子的独特性、兴趣倾向及自然成长节律。

此模式下，家长往往预设高不可及的标准与严格界限，通过外在压力的施加以期推动子女达到预设目标，却未能充分考虑儿童的内在动机、情感需求及个人成长轨迹，极易诱发反抗心理与心理健康问题，如焦虑、抑郁及自我效能感降低等。

与之形成鲜明对比的是"定制化培育"，这种教养方式更着重于情感支持与心理引导，旨在培养儿童的自我决策能力、问题解决技巧、自信心理构建。最终，父母可以通过引导孩子在自由探索中自我发现，在实践尝试中积累经验，帮助孩子实现个体潜能的最大化发挥。

如何正确为孩子铺路

1. 成长主题探索

每周选定一个主题（如"宇宙奥秘""动物世界""艺术家日"），围绕该主题进行一系列的阅读、实验、手工制作等活动。家长作为助手和支持者参与其中。

以此为依据，进行"多元智能测评"，评估孩子在语言、逻辑、空间、运动、音乐、人际等方面的能力。

2. 孩子参与设定

使用"梦想板"或"愿望清单"的方式，让孩子画出或写下自己的目标，并与父母一同讨论其可行性和实施步骤。

根据孩子的兴趣和学习节奏，进行学习环境的个性布置，包括制订个性化的学习时间表，设定特定科目的练习时间以及兴趣爱好的探索时间。

3. 月度成长报告

每月与孩子一起撰写"成长报告"，记录本月的学习成果、挑战、感受及下月计划，作为家庭档案保存。

让孩子记录克服困难的经历，无论成功与否，都从中找到值得肯定的点，增强自信，提高学习的持续性。

精英儿童
都是父母用心滋养出来的

> 在那些叛逆儿童内心深处，往往隐匿着一颗失落的星星——自信，亟待被发现。
>
> 每一份对自信心的呵护，都是斩断阻碍成长荆棘的锋利刀刃。它不仅能够激发孩子内在的潜能，让智慧的火花在挑战中绚烂绽放，更能引领他们跨越自我设限的高墙，步入一个充满无限可能与希望的新世界。

教育研习录

一位年轻父亲首次参加家长会，老师温柔的声音却带着一丝不易察觉的严肃："我们注意到，您的孩子难以保持静坐。或许，您需要带他去医院检查一下。"

归途上，儿子稚嫩的脸庞洋溢着对会议内容的好奇与渴望，那双清澈的眼睛仿佛能洞察一切。父亲的心被深深触动，全班28颗璀璨明珠，唯独自己的孩子似乎被阴霾笼罩。然而，他选择以爱之名，编织了一个温柔的谎言："宝贝，老师今天特别表扬了你，说你从坐不住一分钟到现在能坚持三分钟，这可是了不起的进步！其他小朋友的家长都羡慕极了呢。"

那晚，餐桌上，儿子破天荒地主动盛了两碗米饭，那份成长的喜悦在小小的身躯里悄然绽放。

岁月流转，儿子步入了小学。又一次家长会，老师的评价如同冬日里的一盆冷水，直言不讳："数学测验中，全班43人，您的孩子排名第41位，情况令人担忧。"父亲的心再次被揪紧，但回家的路上，他依旧用温暖的话语为孩子筑起一座希望的桥梁："孩子，老师对你充满信心，她说你只是粗心大意了些，稍加细心，定能超越现在的同桌，他可是排在第23名的哟。"儿子眼中重新焕发光彩，仿佛一夜之间，成长的种子在心底生根发芽。

时光荏苒，儿子踏入了初中，初三的家长会竟是前所未有的宁静。父亲等待的名字迟迟未响，心中既感意外又存忧虑。临别时，老师的一番话如同春风拂面："您的孩子的确存在一定不足，但努力冲刺，进入重点高中仍有可能。"父亲心中涌起前所未有的骄傲，眼中闪烁着泪光，用坚定的声音告诉儿子："老师对你非常满意，她坚信，只要你不懈努力，重点高中的大门一定会为你敞开。"

最终，那封来自北京大学的录取通知书如同夏日里最灿烂的阳光，照亮了全家。儿子奔回房间，泪水与欢笑交织，他说："爸，我知道自己不够聪明，但您是我生命中最美的风景，因为您总能发现我的闪光点。"

教养的底层逻辑

世俗的眼光，决定了"优秀"只能被定义在少数人身上，更多的孩子则显得过于"平凡"，乃至偶尔偏离"正轨"，就被贴上"没出息"的标签。对于这部分未能达成父母和社会预设标准的"问题儿童"，给予他们足够的关怀与引导，才是冬日暖阳，是孩子向阳生长的关键。

事实上，越是平凡的孩子，越渴望细腻入微的关怀与坚定不移的支持，越需要父母以加倍的激励为土壤，滋养他们内心深处对自我价值的认同，引导他们相信：每个人都是独一无二的明珠，正绽放着属于自己的光芒。

个性化养育方案

以赏识为"土壤",滋养未来的光芒

1. 细化观察,个性化赞赏

每天记录孩子的一个小进步或独特表现。每周与孩子一起回顾这些记录,共同庆祝他们的成就,让孩子感受到被持续的关注和鼓励。

避免泛泛的"你真棒"之类的表扬,要根据孩子的具体行为给出具体的表扬,如"你的画色彩搭配得真好,让我想起了春天的花朵"。

2. 注重过程导向的积极反馈

在家里设置一个区域,专门用于展示孩子努力后的收获。孩子有了进步,及时给予一个奖励或标记,以此强化过程的重要性。

在孩子遇到困难或失败时,应首先表达对孩子的理解,然后再引导他们思考如何从经验中提升认知,强调过程的价值。

3. 积极的语言导向作用

使用"我感到……因为……希望……"的句式来传达自己的感受,比如,"看到你尝试新挑战,我感到很高兴,因为你很勇敢。希望我们能一起分享你的快乐",在日常生活中应适情适景地经常使用。

放下焦虑，
内向从来不是"次等"的人格

> 无论是内向还是外向，只要做好自己，就能做得很好。内向型孩子的父母无须羡慕别人家的外向型孩子，当你把目光集中在孩子的优势上面时，孩子的优势自然而然就会展现出来。

 **教育研习录**

林浅性格内向，不善言辞，总是喜欢一个人静静地待在房间里，他并不害怕孤独，相反，他享受这份宁静，因为宁静给了他无限遐想的空间。

林浅妈妈时常为他的性格感到担忧。她害怕林浅会因为内向而错过许多生活乐趣，更担心这样的性格会影响他未来的社交与发展。夜深人静时，妈妈常常辗转反侧，思考着如何帮助林浅打开心扉，拥抱更广阔的世界。

但林浅爸爸却有不同看法。他觉得林浅的内向正是他敏感、深沉的特质所在。爸爸常常鼓励林浅："儿子，你的世界很大，不要急于让所有人都能理解你。你的内心充满了故事和梦想，那是你最宝贵的财富。勇敢地做你自己，坚持自己的热爱，总有一天，会有人看到你的光芒。"

受到爸爸的鼓励，林浅开始尝试用文字记录自己的想法和感受。起初，他只是写些简单的日记，记录日常生活的点滴和内心的波动。渐渐地，他发现，通过文字，那些平日里难以言说的情绪找到了出口，仿佛有一个知心朋友在默默倾听。这份满足感让林浅更加坚定了自己写作的决心。

为了提升自己的写作技巧，林浅开始广泛阅读各种类型的书籍，从古典文学到现代小说，从科幻奇幻到现实主义作品，每一种风格都让他受益匪浅。他学习不同作家的叙事手法，琢磨人物塑造的奥秘，努力让自己的文字更加生动有力。

终于，经过无数个日夜的辛勤耕耘，林浅的第一部小说《梦回云端》在网络平台上发表了，并且受到读者的喜爱。这是一部融合了奇幻与成长的作品，讲述了一个内向少年通过不懈努力，最终找到自我、实现梦想的故事。小说中的每一个角色、每一段情节，都蕴含着林浅对生命的深刻理解和对未来的美好憧憬。

教养的底层逻辑

内向的孩子常被误认为是孤僻、懦弱、笨拙且悲观的，似乎与社会格格不入。他们时常被要求要融入群体，要广交朋友，甚至要改变自己的本性。在这个社交活跃的社会中，活泼开朗的性格似乎成为评价一个人是否受欢迎的标准。然而，真相并非如此。

瑞士心理学家卡尔·荣格在《心理类型》一书中指出，内向与外向两种性格的区别在于心理能量的流向，即精力的来源。外向的人能够在社交活动中汲取能量，而内向者则能在独处中找到自己所需要的能量；外向者往往对外部世界充满好奇，而内向者则更倾向于关注内心世界；内向或外向并非代表优劣，而是每个人不同的心理状态。

简而言之，内向并非缺点，而是一种性格特质。

内向者的先天优势

内向特质优势	描述
内心世界丰富	内向者通常拥有丰富的内心世界,对情感和思想有更深刻的体验和理解
热爱学习	内向者往往对知识和学习有浓厚的兴趣,喜欢通过阅读、研究等方式不断探索和了解新事物
擅长独立思考	内向者倾向于独立思考,能够在不受外界干扰的情况下深入思考问题,形成自己独特的见解
有很不错的创造思维	内向者通常具有较强的创造力,能够从不同的角度看待问题,提出新颖的解决方案
擅长艺术创作	内向者往往对艺术有浓厚的兴趣,能够通过艺术创作表达自己的情感和思想,创作出独特的艺术作品
更谦虚	相较于外向性格的孩子,内向者通常更加谦虚,不轻易炫耀自己的成就和优点,愿意向他人学习和请教
更容易养成健康的生活习惯	内向者往往更注重自我内在的需求和感受,更容易形成健康的生活习惯,如规律作息、均衡饮食等

个性化养育方案

为内向孩子铺一条路

1. 构建无条件的安全感基础

为确保内向型儿童健康成长,父母的首要任务是营造一个充满爱、尊重与理解的家庭环境。这样的环境是内向型儿童形成无条件安全感的重要基石。在日常互动中,父母应运用正面语言替代负面评价,即便孩子犯错,也应侧重于引导而非责备,以此维护其自尊心与建立其自信心。

2. 促进非强制性的亲子交流

当孩子主动分享时,父母应倾听并展现出高度的关注,避免打断或过早评判,以创造开放且包容的沟通氛围。为鼓励孩子深入思考并自由表达自我,我们可以灵活运用开放性问题作为引导工具,激发孩子探索与表达的欲望。

3. 理性认知并接纳孩子的个性特征

父母需深入理解并认知人格特质的多样性,认识到孩子的天然属性是其个性的一部分,既不必过分担忧,也不宜采取过激行为。对于孩子的个性特点,父母应通过积极引导而非强迫改变的方式进行调整。同时,父母应客观看待孩子的优点与不足,及时给予鼓励与引导,帮助孩子建立积极的自我认知能力,提升其自我效能感。

内向型儿童:

把握性格指标,
解锁内向儿童的独特潜能

探索内向人格深层价值，找到孩子天赋密码

> 内向绝非捆绑童心的枷锁。它如同隐匿于地下的宝贵矿藏，其内在蕴藏的能量，非浅表审视所能触及，需以细腻温柔与恒久耐心，缓缓发掘，方能目睹那份非凡的绚丽。

 教育研习录

最初，对于儿子晓峰的内向个性，爸爸妈妈也有过忧虑。一次偶然的机会，他们发现晓峰对陶艺特别感兴趣，每当那双小手触碰泥土，那份专注与创造的力量便油然而生。这个发现让父母有了清醒认知：孩子只是内向，可是他并不笨拙啊！

为了滋养儿子的这份热爱，他们为晓峰报名参加了当地的陶艺课程，并在家中设置了一个小小的工作室，配备了各种陶艺工具与材料。每个周末，他们都会陪伴在晓峰身边，见证他如何将一块块平凡的泥土，变成生动的"艺术品"。在这样的环境下，晓峰的创作激情被极大地激发出来，他的内向性格也转化为对艺术深刻思考和细腻表达的独特优势。

随着儿子制陶技艺的日益精进，父母开始为他寻找展示才华的机会。他们联系了当地的艺术展览中心，晓峰的作品有幸被选中参展。首

次面对公众，晓峰虽然有些紧张，但当他看到自己的作品被众人欣赏、夸赞时，那份由衷的喜悦与成就感让他信心倍增。这次经历，不仅让晓峰的艺术天赋得到了广泛的认可，更教会了他如何勇敢地将自己的内心世界展现在人们面前。

教养的底层逻辑

或许你不知道，家喻户晓的巴菲特、比尔·盖茨、奥黛丽·赫本、卓别林等，他们都是内向者。

事实上，孤独和安静具有一种强大的力量，内向者会关注内在，反躬自省，把内在的敏感磨砺成对世界的洞察力。如果没有内向的人，这个世界就不会有进化论、古典哲学、万有引力、相对论，就不会有哈利·波特、指环王和史努比，就不会有《我有一个梦想》的经典演讲和《向日葵》《格尔尼卡》的传奇。内向从来不是劣势，它是一个礼物。

内向型的人脑神经回路通常比较长。当他们加工信息的同时，内向型的人会认真地将自己的感受和想法加入进去。

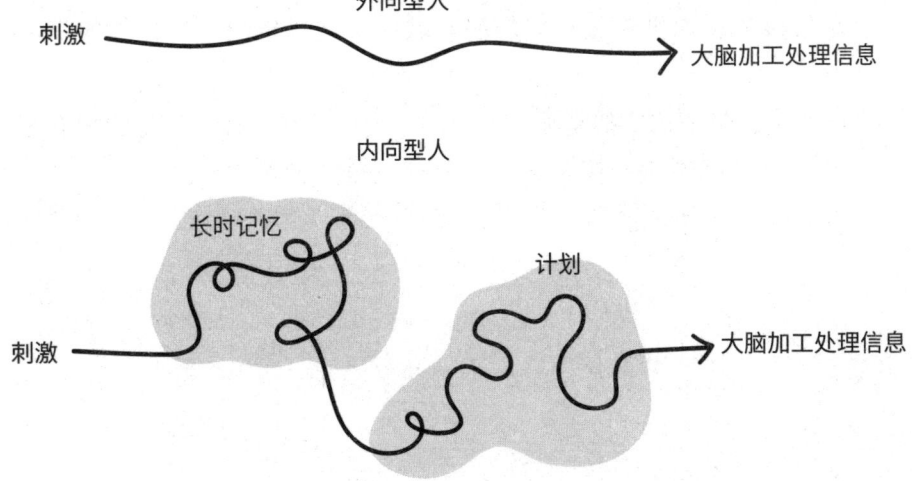

外向型人与内向型人对刺激的处理过程

个性化养育方案

如何找到内向孩子的天赋密码

1. 寻找天赋

准备一本观察日记,每日记录孩子在不同情境下的表现,无论是独处时的沉思,还是与人交往时的反应,抑或是对各种活动的热情与兴趣表现。我们可以借此发现孩子的许多特点,探索到孩子的兴趣线索。我们将这些细节记录下来,客观分析,就能归纳出孩子的性格趋向,或者说,孩子的潜在优势所在,从而有针对性地诱导和激发他们。

2. 发展天赋

鼓励孩子参与非竞争性的兴趣小组,让孩子在轻松愉快的氛围中展示自我,自由表达自己的想法。

为每个活动设定一个尝试周期,如一个月,让孩子有足够的时间去体验和感受。之后,与孩子坦诚地讨论他的感受,了解他是否愿意继续深入学习。

3. 随时调整策略与方向

对于孩子展现出天赋和兴趣的领域,应量身定制一份详细的学习计划。

要牢记,每个孩子都是独一无二的,他们的成长速度和方式各有不同。因此,教育策略需灵活调整,以适应孩子的个性特点和需求。

对于内向胆小的孩子，我们该如何引导

> 内向胆小的孩子，如同离巢前瑟瑟发抖的小鸟，父母应当以温暖的羽翼，轻抚他们的心灵，引导他们做好飞翔的准备。家庭，作为爱的港湾，应该成为孩子勇敢前进的起点。

 **教育研习录**

城市街头，杨松图紧攥着衣角，始终不敢上前问路，似乎害怕那一句简单的"请问……"会打破周遭的宁静，引来不必要的关注。学校的操场上，同学们欢声笑语的集体活动对他而言，就像是一片遥远而绚烂的星空，他渴望融入其中，却又因害怕被拒绝或显得格格不入而默默退缩到一旁。

父母看在眼里，忧在心里。

每当夕阳余晖悄悄爬过窗棂，妈妈便会放下手中的家务，走向那个安静的房间。她不会直接拉他出来，而是选择了一本封面绘有壮丽山川与奇异生物的探险故事书，坐在他的身旁，用温暖如春风的声音，开始讲述一个又一个关于勇气、智慧与友谊的故事。每当讲到关键之处，她会故意放慢语速，用眼神鼓励杨松图，仿佛在无声地说"你也能做到"。

周末的清晨,阳光透过树叶的缝隙,洒下星星点点的光影。爸爸早已准备好背包,等待着杨松图和自己一起去探险。他们漫步在林间小道,爸爸会停下脚步,引导他与森林里的小动物们互动——你看,沟通就是这样简单,有什么好怕的呢?他们蹲在岩洞口,听风吹石洞的微啸声,爸爸会告诉他,那是大自然最美妙的乐章。在爸爸的鼓励下,杨松图尝试着捡起一颗石子,轻轻投入洞中,当听到岩洞深处传来"回应"的那一刻,杨松图的脸上绽放出前所未有的笑容,那是对自我突破的喜悦。

杨松图的父母还在家里设立了一个"勇敢分享角"。每周的家庭聚会上,每个人都有机会分享自己一周中的"勇敢时刻"——无论是尝试了一道新菜,还是鼓起勇气向陌生人问路。起初,杨松图只是静静地听着。但渐渐地,在家人无条件的支持与鼓励下,他鼓起勇气,第一次在大家面前讲述了自己如何勇敢地与邻居阿姨打招呼,虽然心跳得像急促的鼓点,但那份成就感让他感到前所未有的自豪。

就这样,家庭的爱与耐心一点一滴地滋养着杨松图的心灵。他学会了用更加开放和自信的心态去探索这个世界,每一次与人交流的尝试,都像是在心中种下了又一颗勇气与爱的种子。

 教养的底层逻辑

从成功学视角来看,一个人若畏惧向高难度挑战,无疑是对自身潜能的自我设限,为自己筑起了一座牢笼,使自己潜在的巨大能量无法得到释放。此时,无论他拥有多少才华,人生都难有成就。

我们的孩子,一旦因内向性格而形成怯懦心理,往往会从对自己能力的怀疑,演变到无法展现自己的能力;从害怕与人交往,演变到孤僻的自我封闭。这种不良心态又进一步加剧他们的怯懦,循环往复。最终,他们会被恐惧心理所支配,智力发展和人生进展都会受到极大抑制。

个性化养育方案

如何帮内向孩子强化胆识

1. 潜移默化法

定期组织开展关于"勇敢与自信"家庭活动,引导孩子理解勇敢不是不害怕,而是即便害怕也要选择面对。

设定"每日一问"时间,如"今天你最勇敢的一件事是什么?"鼓励孩子分享日常生活中的"小勇敢"。父母亦应分享自己的经历以及克服过程,用亲身经历告诉孩子,勇敢可以通过不断努力和尝试来建立。

2. 小任务挑战法

设计"勇气挑战箱",每周放入一项新挑战,如向邻居借东西、在家庭聚会中表演节目等,鼓励孩子抽签完成。

举办"家庭小剧场",让孩子自己编写剧本、排练并表演,逐步提升其在公众场合的表现力。

3. 挫折引导法

当孩子遇到挫折时,父母应给予"拥抱时间",用肢体语言传递安慰和支持。

和孩子一起制订"问题解决策略卡",鼓励孩子思考并尝试多种解决方案。

激发潜在优势，就要给内向孩子有效的赏识

孩子的心思敏感细腻，于父母对其的评价有着强烈感知。当父母传递出爱意与欣赏时，孩子能够通过父母的眼神捕捉到这些情感。一旦孩子感受到了这份爱，父母便能够轻易触及他们的内心深处，这时，教育孩子便会变得轻松而自然。

教育研习录

一位心理学家来到一所小学，声称要开展一场别开生面的"天才甄别测试"。测试覆盖全校学生，结束之后，他并未对试卷逐一评分，而是从众多孩子中随机挑选了20名学生。他以满含赞赏的语气，郑重地告诉老师们，这20名学生，他们的智商皆在130至140之间，是名副其实的天才少年，他们具有极高的潜力。

尽管其中不乏一些平日里并不热衷学业，甚至偶尔逃课、表现并不算突出的孩子，但所有老师都对心理学家的判断深信不疑：这些孩子无疑是高智商的天才，只是尚未完全释放自己的潜能罢了。

随后，校长按照心理学家的要求，将三位教师叫到办公室，告诉他们："根据过去三四年的教学表现，你们是本校最出色的、最具潜力的教师。因此，我们特别挑选了这批全校最聪明的学生，让他们在你们的教育下学习。这些学生的智商远超同龄人，我们期待你们能取得更加辉煌的教学成果。"

一年后，当心理学家再次踏足这所学校时，奇迹发生了——那些被认定为"卓越"的学生，在学习上取得了显著的进步，他们在各个方面都展现出了卓越的表现。尤为值得一提的是，那些原本智商中等的学生，在经过赏识后，智商有了明显的提升。根据教师的观察与评估，这些学生不仅展现出更强的适应能力、独特的魅力，还激发出更旺盛的求知欲。

此时，校长揭示了真相：那些被挑选的学生并非因刻意筛选而出类拔萃，而是随机选取的普通学生。这一事实令三位教师惊讶不已，他们由此认为自己的教育非常成功。

然而，校长并未透露的另一个真相是，这三位教师同样也是在学校教师中随机抽取的。

教养的底层逻辑

心理学家的善意谎言让老师们深信，那些被指定的孩子都是前途无量的天才儿童。于是，老师们对这些孩子寄予了更高的期望和热情。而这种期望和热情，如火焰般感染了孩子们，使他们变得更加自尊、自信、自强，于是在各个方面都取得了异乎寻常的进步。

这个实验的意义深远，它向家长们传递了一个重要的信息：每个孩子都拥有成为天才的潜力，但要让孩子真正成为天才，家长必须以欣赏和对待天才的态度来培养他们。

个性化养育方案

如何让赏识发生效用

1. 统一并明确标准

父母应达成统一认知,明确哪些行为是值得表扬的,哪些行为是不可接受的。

教养孩子的时候不要情绪化,比如开心的时候孩子做什么都夸,不开心的时候孩子做什么都骂。这样会使孩子分不清什么是对,什么是错。

2. 注意赞赏的环境与时机

对于性格外向的孩子,可以在家庭聚会或学校活动中适当表扬,增强其社会认可感和自信心。对于敏感内向的孩子,建议私下进行一对一的表扬,避免在公众场合给孩子带来可能的压力。

3. 捕捉赞赏时机

及时发现并记录孩子的良好行为,特别是那些孩子付出努力或有进步的行为,在孩子情绪稳定、注意力集中的时候及时予以正向反馈,以增强赞赏的效果。

记住,要具体表扬,让孩子清楚自己被评价的具体行为,真诚地表达自己对孩子行为的感受,如"这件事你让我感到很骄傲"。

内向无须改变，只须延伸一点自我

> 将那些你或许并不欣赏的特性，视为孩子独一无二的珍贵品质。不要强行改变孩子的个性，要求他违背内心意愿行事，因为这样做在孩子心中或许会被解读为："父母根本不爱我"。

教育研习录

王浩宇的父亲王先生是一位性格直爽、热衷于社交的商人，他坚信"外向才能赢"。母亲李女士，虽性格温婉，但面对儿子的内向也难免心生焦虑，担心这样的性格会让他在竞争激烈的社会中吃亏。于是，两人决定联手，采取一系列他们认为"有效"的方法，试图改变王浩宇的性格。

他们为王浩宇报了各种兴趣班和社交活动，从跆拳道到演讲比赛，从合唱团到夏令营，几乎涵盖了所有他们认为能锻炼孩子胆量和交际能力的项目。每到周末，王浩宇便像赶场一般，穿梭于各个活动之间，疲惫不堪。每当他试图表达自己对某些活动并不感兴趣时，得到的总是父母"这是为了你好"的回应。

更让王浩宇感到"压力山大"的是，父母开始在家中模拟社交场景，经常邀请同事、朋友来家中做客，强迫他与一些陌生来访者进行长时间的对话，甚至要求他每天必须打电话给同学，以此锻炼他的交际能力。这些做法让王浩宇感到极度不适，他开始怀疑自己，内心的自卑感如野草般疯长。

父母这一通自以为是的操作下来，王浩宇的性格非但没有变得外向，反而变得更加敏感和封闭。他开始逃避与人交流，成绩也一落千丈。夜深人静的时候，王浩宇经常躺在被窝里辗转反侧，他渴望被理解，却又害怕被再次"改造"。

终于，在又一次家庭社交模拟场景时，王浩宇爆发了。面对又一次的强迫社交安排，他愤怒地拒绝了父母，并大声喊出了自己的心声："我不想成为你们想要的样子！我有自己的想法和感受！我没有错！"那一刻，空气仿佛凝固，所有人都愣住了，他们从未见过这个内向安静的男孩爆发出如此"疯狂"的一面。

教养的底层逻辑

强制性的改变往往适得其反，它不仅会在孩子心中投下压力与不安的阴影，还可能悄然播下自我怀疑与挫败的种子，使孩子产生自我怀疑——"我是不是不够好？我是不是不被别人接纳？"

更为复杂的是，面对这种压力，孩子可能会发展出一套复杂的应对机制，用以迎合外界期待，内心深处却充满抵触与挣扎。孩子的内心会因此产生一种割裂感，愈发迷茫与痛苦。

个性化养育方案

教养内向孩子的"三不要"原则

1. 不要强迫孩子社交

比如，孩子不喜欢和人打招呼，父母就不要在人前强迫孩子就范；孩子不愿意和陌生小朋友玩耍，就不要硬把他塞到这个让他感到不安全、不自在的群体中。

从家庭成员开始，进行小范围社交训练，耐心给孩子一个较长的适应过程。强制教育只会使孩子心生逆反，从心底排斥这些行为。

2. 不要强迫孩子表演

不要为了满足自己的虚荣心，拿孩子当展示品，要求孩子在亲朋好友面前"献艺"。内向的孩子内心往往对此非常抵制。这甚至会使他们放弃自己原本的天赋兴趣。

不要在孩子不肯表演的时候，对孩子恶语相加，如"没出息""啥也不是"。父母给孩子的负面评价，很容易使孩子错误地认为，自己就是父母口中的那种人。

3. 不要设定过高的期望

父母应基于孩子的实际能力和兴趣，设定合理的期望和目标，不要盲目要求孩子变得外向或符合某种标准。

要关注孩子自身的成长和进步。通过小步骤、渐进式的方式，鼓励孩子在自己的节奏下逐步发展。

外向型儿童：

训练执行技能，整顿聪明却混乱的孩子

解析好动与多动，
让课堂好动的孩子安静下来

> 孩子好动，正是生命力盎然绽放的明证。它不仅仅是年龄赋予的纯真色彩，更是心灵对广阔世界无尽探索的渴望。每一次跃动都满载着对未知的好奇与向往。然而，在这绚烂的童真景致中，不乏有误解产生，将孩子活泼好动的天性，与真正需要关注的"多动症"现象混淆，以至于无辜的童真被误贴上标签，而真正需要帮助的孩子却未能得到及时的抚慰与疗愈。
>
> 父母当以温柔的目光，穿透表面去细细分辨那些在操场上肆意奔跑的身影背后、在课堂上偶尔分神的眼神背后，是单纯的好奇，还是难以自控的困扰。

教育研习录

七岁的范宇楠性格活泼，对一切都充满好奇。他的父母，尤其是妈妈，常常因为他在家里的各种活跃行为而感到困扰。每当老师反映范宇楠又在课堂上搞小动作时，妈妈便开始担心他是否患有多动症（ADHD）。

基于这种担忧，妈妈对范宇楠好动的行为越来越敏感。每当她知道范宇楠在课堂上无法保持安静，或是课间休息时一直蹦蹦跳跳，她就会不自觉地认为这是多动症的表现。虽然丈夫会提醒她，也许孩子只是天性活泼，但妈妈还是决定带范宇楠去医院检查。

医院的小儿精神科医生经过初步评估后，认为范宇楠虽然好动，但并未达到多动症的诊断标准。医生建议范宇楠的妈妈继续观察孩子的行为是否伴随其他异常症状，如注意力不集中、情绪冲动、学习困难等。然而，妈妈对医生的意见持怀疑态度，她越来越坚信自己的判断，认为范宇楠就是患有多动症，并开始在网络上搜索相关信息，甚至加入了一些多动症家长交流群。

在妈妈的影响下，范宇楠开始意识到自己可能与同龄人不同。每当他听到妈妈与老师的谈话，或是看到妈妈焦虑的眼神，都会感到不安。渐渐地，范宇楠变得越来越沉默寡言，不愿意与人交流。他害怕别的小朋友知道自己"有病"，担心同学和老师会因此看不起他，所以故意少说话，少活动。

这种持续的不正常克制，导致范宇楠的心理状况逐渐发生变化。他开始频繁地发脾气，情绪变得不稳定。在学校里，他无法集中注意力听讲，成绩也明显下滑。他变得敏感多疑，总觉得同学们在背后议论他。回到家后，他更是将自己关在房间里，不愿意与任何人交流。

教养的底层逻辑

教养之道，当以严谨为基，父母之爱，切忌轻率之举——切莫随意为孩子贴上标签。无论孩子是"好动"还是"多动"，我们都应避免过早下定论，以免无形中给孩子的心灵添上不必要的重负。每个孩子的成长轨迹与节奏都有所不同，关键在于，我们要给予足够的理解与尊重，护佑他们个性的自由翱翔。

从感觉统合的视角来看，若孩子的"动"是伴随着指令、目标、互动与创意的，那么，那份活泼便只是他们天性使然，无须过多忧虑。反之，若"动"中缺乏目的、互动、策略与成果，那么，家长便应该注意了。

多动症儿童和正常顽皮儿童的区别

	多动症儿童	顽皮儿童
注意力方面	主动注意力削弱,被动注意力增强且占主导	主动注意力与被动注意力没有明显反差
行动目的方面	行为无目的性且冲动、杂乱、有始无终	常有一定的目的性,并有计划及安排
自控能力方面	自我约束能力薄弱,易冲动,好哭闹	在陌生的环境中,能约束自己的行为
学习能力方面	明显注意力不集中,小动作多,做作业拖拉,学习困难	虽然好动,但注意力不存在缺陷,无明显学习困难
动作发展方面	存在感官统合能力失调,动作反应迟钝、不灵活	动作快速,反复和轮换动作时,表现得灵活自如

个性化养育方案

如何使好动的孩子在课堂上安静下来

1. 强化规矩和纪律

根据孩子的年龄和性格,制订一份详细的课堂行为规范表,让孩子参与制作过程,增加其参与感和认同感。

通过故事、角色扮演等方式,让孩子理解专心听讲对知识学习、个人成长的重要性。

2. 训练耐力

分段练习,将学习时间划分为短时段(如15~20分钟),每完成一个时段的任务后给予短暂休息。然后逐渐增加时段长度,逐步锻炼孩子的耐性。

3. 确认问题原因

找到问题原因——是对学科不感兴趣，还是身体疲劳，抑或是精神压力过大等。找对原因，才能针对性地解决问题。

如孩子表现出持续的注意力分散、情绪波动等问题，考虑寻求专业人士的帮助。

4. 身体与情绪管理

确保孩子每晚达到足够的睡眠时间，避免熬夜影响第二天的学习状态。

鼓励并引导孩子均衡饮食，避免过多摄入含糖和咖啡因的饮料。长期饮用此类饮品，可能会引发儿童易激惹、自控能力减弱、注意力分散以及行为障碍等一系列问题，影响孩子的生长发育。

2

执行技能训练，
解决外向孩子的三分钟热度

> 每一次的"三分钟热度"，都是孩子内心世界的一次小探险，是他们自我认知与兴趣构建的重要过程。在这个过程中，父母应该引导他们学会选择，学会坚持，更要让孩子学会如何在失败与挫折中寻找新的起点。

教育研习录

冷清明是一个性格外向、活泼开朗的六岁小男孩，总是对新鲜事物表现出极大的兴趣，但往往很快就转移了注意力。

为了改掉冷清明"三分钟热度"的习惯，父亲制订了一个严格的"持久力训练计划"。每天放学后，冷清明必须完成一项长达一小时的固定活动，无论是他原本喜爱的画画，还是他并不擅长的编程课程。父亲认为，只要坚持下去，冷清明就能培养出持久的兴趣和专注力。

在这种强压下，冷清明开始对原本热爱的画画失去了兴趣，因为画画不再是自发的表达，而变成了一项必须完成的任务。同时，面对不感兴趣的编程课程，他感到压力巨大，自信心受挫，甚至开始对学习产生抵触情绪。

出于对教育理念的坚持，每当冷清明提出想尝试新的玩具或游戏时，父亲总是以"你现在应该专注于提高你的持久力"为由拒绝。他坚信,只有通过不断地重复和坚持,才能真正培养出所谓的"成功品质"。

殊不知,这种做法导致冷清明的探索欲和创造力被严重压制。他开始怀疑自己的兴趣和选择的价值,变得不再勇于尝试新事物,性格也变得更加内向和沉默。同时,由于长期被要求做不喜欢的事情,他的情绪也变得不稳定,经常因为小事而发脾气。

在训练过程中,父亲很少给予冷清明正面的鼓励和支持,反而经常因为冷清明的一点点分心或不耐烦而严厉批评。他认为,这是对孩子严格要求的表现,有助于孩子坚韧性格的形成。

这导致冷清明感受到的只有压力和挫败感,他觉得自己无论怎么努力都得不到认可,逐渐失去了自我驱动力和积极性。

教养的底层逻辑

孩子的专注力,与年龄有很大关系,这是父母在施行个性化养育之前,必须要认识到的一点。

不同年龄段注意力持续时间和适合的任务

年龄	持续时间	适合的任务
0~1岁	几秒到几分钟	视觉和听觉刺激,如看彩色玩具、听摇篮曲
1~3岁	2~5分钟	阅读短篇故事,堆积木,玩简单的拼图、想象力游戏和互动游戏
3~5岁	5~15分钟	阅读较长的故事,进行艺术和手工活动,玩复杂的拼图、有结构的游戏和合作游戏
6~8岁	15~30分钟	阅读短篇书籍,进行结构化的学术活动,玩有规则的棋盘游戏和遵循多步指令

续表

年龄	持续时间	适合的任务
9~11岁	30~45分钟	阅读章节书籍，进行更复杂的学术作业，玩有策略性的游戏，追求兴趣或爱好
12~14岁	45分钟至1小时	独立阅读，完成家庭作业，参加各种团的体育活动，制订较长期的项目
15~18岁	1~2小时	更长期的研究项目，准备考试，参加课外活动，专注于未来目标和计划

父母在培养孩子的过程中，如果忽视了儿童个体独特的兴趣导向与性格特质，以及他们的成长轨迹差异，而一味地苛求所谓的"毅力"与"持久力"，往往适得其反。非但无法达成预期的教育愿景，反而可能不经意间在孩子细腻的心理和情感上留下难以愈合的创伤。

科学的育儿之道，应深植于对子女天性与爱好的尊重之中。这意味着，父母需要以敏锐的观察力与无私的爱心，悉心发掘并呵护孩子内在的成长特性，通过智慧的引导与温情的鼓励，引导孩子在自己热爱的领域内精耕细作，逐渐培养出对知识的渴求与对事物的专注力。这一过程，实则是协助孩子自然产生可持续的内在力量与探索动力。

个性化养育方案

如何科学地培养孩子的专注力

1. 不要过多打扰

孩子专心做事时，如果没有主动邀请，请父母耐住性子，不要去打扰他，不要主动上前给予你认为他需要的指导。

孩子做事、做题时，不要在一旁纠错，甚至是唠叨，这些"用心良苦"，却有可能悄悄破坏孩子的专注力。

2. 进行持久力训练

尽量降低环境干扰。比如，游戏时，如果一次拿出很多玩具，孩子就会疲于选择，即使是玩也很难专注。

使用持久力训练游戏（如拼图、找不同、定时阅读等），每天固定时间进行练习，逐步提升孩子做事的持久力。

3. 将大任务拆分成小任务

如果发现孩子完成某一任务存在困难，导致气馁或容易分神，可以尝试将大任务拆分成几个小任务。每一个容易完成的小任务，都可以使孩子保持一段时间的专注力，在潜移默化中，孩子做事的持久性就会得到加强。

每当孩子专心完成一个小任务时，别忘了给予鼓励或小奖励，然后随着年龄和能力的增长，逐步增加任务的难度和完成时间。

杜绝一知半解，
培养外向孩子的深度思考能力

> 我们之所以辛苦，往往是因为把错误当成正确去执着。与此同时，对于正确的，我们也只停留在浅尝辄止、一知半解的状态。人常说"不知者无罪"，但无知，一定会让自己吃苦更多。我们当以温婉而坚定的力量，引导孩子重归征途，避免他们步我们的后尘，在谬误的阴霾下徘徊不定，徒增无谓的困惑与挣扎。

教育研习录

学校的自然科学课上，老师带着大家深入探索自然界的奥秘，特别是各种植物的独特之处。张博伟听后，心中燃起了成为"自然小侦探"的梦想。他急于将所有植物的名字和外观特征一网打尽，却忽视了深入了解它们的生长机制和生态价值。

周末，家庭聚会时，家中的长辈们聚在一起谈论着园艺的乐趣。张博伟跃跃欲试，想要展示自己新学的知识，便自信满满地介绍起家中的植物。然而，当被问及某种花卉为何能四季常开，或是那棵老槐树为何能成为鸟类的乐园时，他顿时语塞，只能含糊其词。

张博伟的父母敏锐地捕捉到了孩子的困惑与转变的契机。晚餐后，爸爸轻轻拍了拍张博伟的肩膀，带他到城市的绿化区域散步。父亲指着那棵老槐树说："孩子，你看这棵树，它之所以能成为鸟类的乐园，是因为它年复一年地生长，为鸟儿提供了庇护和食物。学习也一样，不能急于求成，要像这棵树一样，深深扎根，慢慢成长。"

妈妈则在一旁补充道："记得你小时候，我们常带你去植物园，教你认识各种植物，但那时候我们只是希望你能感受到大自然的美丽和神奇。现在，你有了更深层次的学习需求，我们很高兴。但记住，真正地认识植物不仅在于知道它们的名字，更在于理解它们为什么存在，它们如何与环境相互作用。我们可以一起制订学习计划，每周学习一两种植物，深入了解它们。"

在父母的引导下，张博伟开始重新规划自己的学习路径。

他主动要求参加学校的科学兴趣小组，利用课余时间阅读专业书籍，甚至在网络上寻找权威的科普视频观看。他学会了慢下来，用心去聆听每一片叶子背后的故事。遇到不解之处，他不再逃避，而是勇敢地向人请教，或是通过网络寻找答案。

随着时间的推移，张博伟的植物学知识储备日益丰富，他对植物的理解也更加深入，包括它们的生态习性、物种关系，乃至对地球环境的贡献。他的变化让家人和老师都感到欣慰。他在学校的科学展览中脱颖而出，以一篇题为《城市绿肺的守护者——解析城市植物多样性》的报告，赢得了大家的掌声和赞赏。

教养的底层逻辑

孩子的学习成绩不理想，表面上看似是"马虎"所致，实则未必。许多孩子的所谓"马虎"，其实是知识点掌握不牢固的另一种体现。换句话说，如果孩子在学习过程中仅满足于一知半解，缺乏深入探究和追根溯源的精神，那么当知识点以不同的形式出现时，他们往往又会感到困惑不解。如果孩子在学习上养成了这种浅尝辄止的坏习惯，其成绩自然难以提升。

这类孩子还有一个显著的特点——喜欢动手，懒得思考，能够按照家长的要求刷题，但是仅限于简单的基础知识，不愿意挑战难题，学习越学越吃力。对于这类孩子，父母的当务之急，就是首先帮助他们规正心态，使其从"假努力"中脱离出来，进入"真用心"模式，而不是做给父母看的机械性重复。

个性化养育方案

如何培养孩子深度思考能力

1. 鼓励自我尝试

设立思考时间（如5~10分钟），让孩子尝试自己解决问题。确保孩子有解决问题的基本工具或资料，如图书、计算器或网络学习资源（需监督使用）。若孩子长时间无法突破，家长可适时介入，询问他们的思路，并提出引导性问题。这种策略可以培养孩子独立解决问题的能力和自主思考的习惯。

2. 游戏引导策略

设计涵盖不同生活场景的角色扮演游戏，如购物、医院看病、图书馆借阅等。让孩子选择或抽签决定角色，增加游戏的趣味性和参与感。父母可事先准备剧本框架，鼓励孩子根据自身理解填充细节。引导孩子根据角色特点进行思考和行动，适时给予反馈和指导。这种活动可以提高孩子的逻辑思维和决策能力。

3. 深度学习策略

根据孩子的兴趣和特长选择合适的深度学习项目，如科学实验、历史研究、艺术创作等。确保项目具有一定的挑战性，能够激发孩子的探索欲和求知欲。在项目实施过程中，父母应提供适时的指导和支持，但避免直接给出答案。这个过程，可以使孩子学会如何提出问题、收集信息、分析数据和得出结论。

4

允许孩子话多，
但要教会孩子高情商表达

> 孩子的言语是成长的悦耳旋律。父母应鼓励话语的"繁茂"，使之如同春日里绚烂的花朵，不拘一格，自由绽放。然而，在促使他们个性绽放的同时，我们亦需教会他们避免口不择言。因为我们都知道，那些"有口无心"的话语，如同三九天的刺骨寒风，伤人伤己。

教育研习录

王鑫曾一度被儿子的言语所困扰，他说话没有分寸，而且严重偏离事实。

一次，王鑫带儿子逛街，恰逢同事也带着孩子同行。两位大人站在热闹非凡的步行街上亲切交谈，而两个孩子则在旁边自由玩耍。然而，没过多久，同事家的孩子便放声大哭起来。王鑫明白，一定是儿子又闯了祸。她急忙走上前去查看情况，同事紧随其后。同事仔细观察自己的孩子，发现并没有受伤的地方，便判断是两个小孩在玩耍中发生了口角。同事大度地连声说没事，并猜测孩子可能是想回家了。说完，同事便温柔地哄着女儿离开了。

王鑫带着儿子回到家中，询问他那个小妹妹为何会哭泣。儿子回答道："我想玩她的玩具，但她不给我。于是，我便说她是小气鬼、丑八怪，塌鼻梁，皮肤黄得像米糠。听到这些话，她就哭了。"

王鑫看着儿子得意洋洋的模样，眉头紧紧皱起。她沉思片刻后，决定给儿子讲一个故事。

小孩子天生爱听故事，得知有故事听，自然欢呼雀跃。王鑫开始讲述：

很久以前，在一个温馨的小农场里，住着一只活泼的小公鸡和一只温顺的小鸭子。不幸的是，小公鸡有个不太好的习惯——它总爱欺负小鸭子。某日，小公鸡趾高气扬地对小鸭子说："嘿，快把你那份食物交给我，不然，我就用我的大嗓门每天清晨唤醒整个农场，让你无法安睡。"小鸭子无奈，只能默默让出食物，自己则到河边辛苦觅食，捕捉小鱼充饥。

然而，小公鸡的贪心并未因此得到满足。它继续纠缠着小鸭子，每当看见小鸭子抓到小鱼，便又霸道地要求："我也要尝尝鱼的味道，快把鱼给我，不然我夜里就鸣叫不停，扰你清梦。"小鸭子既委屈又愤怒，反驳道："公鸡哥哥，你明明知道鱼并不适合你的口味。"小公鸡却蛮横地说："这不公平！主人总是偏袒你，给你那么多好吃的，还让你享受捉鱼的乐趣，我却只能分到一点点。我讨厌这样的安排，也讨厌你！"

不久后，小鸭子鼓起勇气，将这些委屈告诉了它们共同的主人。主人听后，非常愤慨，便将小公鸡送人了。

孩子听完妈妈改编的故事，愤愤不平地说："小公鸡真是太坏了，老是欺负小鸭子，被送走是应该的。"

这时，王鑫温柔地握住孩子的手，引导他思考："孩子，小公鸡被送走，不仅仅是因为它欺负了小鸭子，更重要的是，它说话的方式伤害了别人，也让自己失去了大家的喜爱。记住，言语的力量是巨大的，它可以温暖人心，也能伤人于无形。"孩子若有所思地点了点头。

王鑫继续耐心地说:"以后,我们要学会用温暖和尊重的语言与人交流,避免说出伤人的话,这样,我们才能赢得更多人的喜爱和尊重。就像小鸭子,虽然受到欺负,但它勇敢地将真相告诉了主人,最终让小农场又恢复了平静。所以,学会好好说话,真的很重要。"

孩子听完,眼中闪烁着光芒,仿佛明白了什么重要的道理,从那以后,他说话注意了很多。

教养的底层逻辑

外向的孩子喜欢说。而在成人的世界里,"童言无忌"似乎又成了一种潜规则。即无论孩子说了什么话,大人都不应过于计较,更不应该苛责孩子。

若父母始终秉持这种心态来教育孩子,那么孩子可能会产生这样一种误解:自己可以随心所欲,不管说什么,都可以被接受。这样一来,他们就会说出更多与场合不符、不合时宜的话。

实际上,孩子往往分不清哪些话适宜表达,哪些时候应该保持沉默。他们只是口无遮拦,想到什么便说什么。但身为父母,责任重大。父母需引导孩子从小便注意自己的言词,教会他们如何以恰当的方式表达自己的想法。

个性化养育方案

如何教会孩子高情商表达

1. 培养孩子的包容性

让孩子知道,这世上没有完全相同的两个人。要以包容的心态对待朋友的缺点,尊重别人与自己的差异;不要贬低、侮辱、歧视别人与自己的不同之处。

要引导孩子了解不同的风俗习惯以及生活方式，培养孩子乐观豁达的心态，开阔他们的视野。

2. 培养孩子的共情能力

通过讲故事、角色扮演等方式，引导孩子换位思考，使孩子逐渐能够理解他人的立场与情感、情绪，教导孩子带着同理心去倾听，赞成或理解别人的观点，而不是批评或批判。

3. 给孩子树立正确沟通的榜样

父母首先要做到三思而后言，尤其在孩子面前，切不要口无遮拦，要用自己的一言一行给孩子做示范，使他们在潜移默化中形成正确的沟通观念；同时，可以通过日常生活中发生的事情，向孩子讲解：如何运用高情商的说话技巧来解决问题和建立良好的人际关系。

5

让外向孩子的浮躁情绪逐渐平复下来

孩子在享受外界关注与赞美的同时，不免受到浮躁气息的侵扰，内心偶尔泛起不安与躁动的涟漪。

引导外向孩子沉静下来，在未来的漫长岁月中，他们将能够以一种宠辱不惊的态度去面对生活的起起伏伏。在面对挑战与诱惑时，他们能够保持内心的平静与坚定，不被外界的喧嚣所动摇，更不会轻易被短暂的浮华所迷惑。他们将逐渐学会以"静"制"动"，将那些浮躁的尘埃一一拂去，让自己的心灵得以清明。

教育研习录

杨柯的心中有一片星辰，每一颗都闪烁着不同梦想的光芒。起初，父母对于他那份超越年龄的雄心壮志满怀欣慰，以为那是孩子成长路上最宝贵的动力。然而，随着时间的流逝，那份初始的喜悦逐渐蒙上了一层阴霾。

杨柯的目光首先被舞台上的光辉所吸引，那光鲜的生活、巨额的收入、豪华的居所……让他心生向往。于是，他满怀激情地走进了妈妈精心挑选的音乐培训班，准备在这条星光大道上留下自己的足迹。

然而，不久之后，现实的苦涩与挑战便让这份热情迅速降温。日复一日刻苦练习，但似乎总是与梦想相去甚远。他开始怀疑，既然比自己更加努力的人都难以触及那片璀璨，自己又何以企及？于是，歌星的梦想如同晨曦中的露珠，渐渐消逝。

不久，企业家的风采又在他的心中激起了新的涟漪。杂志封面上那自信满满的笑容、运筹帷幄的魄力，再次燃起了他心中的火焰。但这一次，当理想与现实碰撞时，他再度选择了逃避，那份曾经的热忱，终因不愿承受追梦路上的艰辛而消失殆尽。

命运的对比总是悄然而至，当同班同学凭借不懈的努力登上舞台，并被重点学府青睐时，杨柯的心中泛起了层层波澜。他对着母亲轻叹："如果当初我能够坚持下来，或许我也能得到这份荣誉。"母亲听后，既心疼又无奈，她知道，孩子的心如同一匹野马，总是向往着远方未知的风景，却难以在一处精耕细作。

杨柯的兴趣与爱好，如同秋日里的落叶，随风而起，又随风而落，难以安定。那些天马行空的想法，无一不成为他短暂驻足的风景。然而，每当热情的温度迅速攀升又骤然下降，留下的只有时间流逝的痕迹和一事无成的遗憾。

教养的底层逻辑

外向孩子的热情奔放，常常让他们难以静下心来专注于一件事。他们更渴望在短时间内取得成功。这种急功近利的心态，往往让他们行事冲动，甚至作出错误的决定。

心理学揭示了浮躁背后复杂的动因。外向孩子因其天性活泼、好奇心强，更易受到外界多元信息的吸引，导致注意力分散。同时，社会期望与自我期望的交织，可能加剧他们对即时成就的追求，进而产生浮躁情绪。此外，内心的不安全感或自我价值感的波动，也可能驱使他们急于证明自己，而忽视了积累与沉淀。

基于此，父母需要深入孩子的内心世界，通过增强情感沟通，帮助他们建立稳定的自我认同；鼓励其设定合理目标，培养耐心与毅力；同时，引导他们学会在过程中寻找乐趣，享受成长的每一刻，从而逐步褪去浮躁之气，拥抱更加成熟、稳健的人生。

个性化养育方案

如何使外向的孩子也能沉稳

1. 日常行为培养

每天或每周与孩子一起制订学习计划、家务分工等，要求孩子先思考后行动，明确每项任务的目的、步骤和预期结果。

孩子执行任务时，父母需要适度监督，但不应直接干预，要鼓励孩子独立完成。引导孩子使用日记或表格记录自己的行动和感受，找出因为浮躁而失败的地方，定期进行自我反思。

2. 针对性"磨炼"计划

每周安排两次书法课或练习时间，从基本笔画开始，逐步引导孩子体会静心和专注的重要性。

鼓励孩子尝试不同风格的绘画，通过细致观察、耐心描绘，培养耐心和观察力。

选择适合孩子年龄的围棋教程，通过策略性游戏提升逻辑思维能力和培养耐心。

（以上为示例，家长应根据孩子兴趣进行选择。）

3. 情绪管理训练

教会孩子使用积极的语言进行自我暗示，如"我可以慢慢来，不着急""每次进步一点点就是胜利"。

引导孩子记录自己的情绪变化，分析导致浮躁的原因，并尝试找出解决办法。

设立积分制度，当孩子完成任务并展现出耐心和毅力时，可以获得积分，积分可用于兑换奖励，如小玩具、书籍或外出游玩机会。

实感型儿童:

不催不逼不打扰,
慢性格需要温柔的教养

实感型孩子只是爱思考，并不是反应慢

> 有些孩子反应慢，只是因为他们思考问题的方式不同。他们习惯三思而后行。这样的孩子，或许看起来学习吃力，但并不意味着他们不够优秀。毕竟，很多岗位都需要深思熟虑，三思而后行。如果父母能认识到他们的与众不同，他们真的可以与众不同。

教育研习录

春日午后，阳光温柔地洒在书桌上。三岁的陈先开，以稚嫩却充满灵性的小手，在无瑕的白纸上轻轻勾勒，竟奇迹般地再现了母亲孕期那温婉而神秘的轮廓。看到这一幕，父亲眼中闪烁着前所未有的光芒，他猜测，这孩子的心中藏着一个斑斓的艺术世界。

然而，在循规蹈矩的世俗观念里，陈先开却似一颗光芒被遮掩的星。人们对"好学生"的认知，如同一把冰冷的尺，做着古板刻薄的衡量。

同学们时常以玩笑的口吻问陈先开："喂，大画家，十一乘以十一等于几？"

就连老师也对他的学习能力感到关切和忧虑。

陈先开愈发自卑起来。

每当情绪低落，陈先开便遁入自己的绘画世界里，那里是他的避风

港，也是他无尽创造力的源泉。画笔轻舞，色彩流淌，数小时的时光悄然流逝，他展现出与平日截然不同的坚韧与执着，仿佛与这个世界达成了一种无言的默契。

幸运的是，陈先开拥有一位开明的父亲。深思熟虑之后，父亲作出了一个大胆而明智的决定：与其让陈先开在高考竞争中苦苦挣扎，不如让他在自己热爱的绘画领域里自由翱翔。于是，那些曾令他窒息的补习课程被一一撤除，取而代之的是父母温暖的陪伴与个性化的辅导。父母以深沉的爱为墨，以耐心的智慧为笔，亲自为陈先开绘制出一条通往艺术殿堂的康庄大道。

终于，陈先开以他独特的艺术才华和不懈的努力，被鲁迅美术学院破格录取。父母为他点燃了梦想，在未来的艺术长廊中，为他留下一抹光亮。

教养的底层逻辑

在学习某些特定学科时，实感型孩子相对会比较吃力。譬如，一些实感型儿童在刚上小学时，老师需要反复向他们解释数字的概念，才能让他们明白"3"是一种代表数量的简单书写方式，否则他们总会觉得"3"就是画在黑板上的一条波浪线。

但是，实感型的孩子观察能力很强，他会牢牢记住这些符号。所以我们首先需要了解实感型孩子的人格特质，才能提供合适他们的学习方法。否则，错误的教养方式会使孩子觉得自己比别人笨，感到无比沮丧，备受打击，在父母负面评价中越来越不自信，乃至成为老师、同学眼中的"差生"。

那么接下来，我们先来认真了解一下实感型儿童。

实感型儿童的先天优势

优势类型	描述
触感敏锐的观察者	对周围世界敏感，通过触摸、观察来深入理解事物
实践出真知的践行者	倾向于亲身实践验证想法，如搭建积木探索空间或种植观察生命
深思熟虑的决策者	面对选择，仔细权衡，甚至通过实验验证结果，不轻易作出决定
持续成长的探索者	不断寻找新挑战，学会坚持，体验成长的喜悦

个性化养育方案

如何对实感型孩子进行优势培养

1. 观察力培养

在家中设置多感官探索区，提供不同材质、形状、颜色的玩具和物品，鼓励孩子触摸、嗅闻、聆听。

定期带孩子进行户外活动，如森林徒步、海滩探险，让他们亲身体验大自然的多样性和变化。

2. 实践力培养

鼓励孩子参与 DIY 项目，如木工制作、烘焙等，让他们亲手完成作品，体验成就感。

订阅科学探索盒或自制简易实验材料，让孩子在安全的环境下探索科学原理。

3. 决策力培养

设计需要权衡利弊的选择游戏，锻炼孩子决策能力和逻辑思维能力。

鼓励孩子发表观点，学会从不同角度思考问题。通过模拟情境或故事讲述，引导孩子预测并讨论不同选择的后果，培养他们的预见性和责任感。

培养实感型儿童，必须有"三心"

> 优秀的家长如同匠心独运的园艺师，他们以爱为"犁"，以智慧为"种"，精心耕耘着孩子的心田。深知"滴水穿石，非一日之功；铁杵成针，乃恒久之力"，他们不畏前路漫长，不惧挑战重重，以无尽的耐心与坚韧不拔的毅力，为孩子的未来铺设坚实的基石。这份恒心，最终会引领孩子穿越迷茫与困惑，在不懈的努力与坚持下，见证生命的蜕变。

教育研习录

雪雁有着一双清澈无比的眼睛，可她的眼神中却总是带着一丝迷茫。她对周围的事物，总是反应得比别人慢一些。也正因如此，在学习和生活中，她常常会感到挫败和孤独。李老师的出现，彻底改变了雪雁的生活。李老师温柔善良，她没有因为雪雁反应慢而疏远她，反而小心翼翼、无微不至地帮助雪雁成长。

李老师总是耐心地留在教室，为雪雁细致讲解知识。她的声音轻柔而温和，一点点帮助雪雁解开疑惑，直到她完全理解。李老师不仅倾听雪雁的烦恼，还给予真诚的建议和鼓励，用温暖的笑容驱散她心中的阴霾。在李老师的陪伴下，雪雁变得越来越开朗和自信，眼中的迷茫渐渐消散，取而代之的是对未来的憧憬与期待。

岁月静静流淌，如溪水轻拂石间，悄然镌刻下李老师的不懈坚持，也见证了雪雁日渐坚韧的成长。在爱的滋养下，雪雁终于找到了适合自己的学习方式，主动扬帆前行。每一次微小的进步，都如同春日里悄然绽放的花朵，让李老师的心中充满喜悦与自豪。更重要的是，雪雁学会了以坚持为翼，以自我激励为风，在挑战中勇敢起舞。她深知，只要心中有光，前路便无可阻挡，再深的沟壑也终将跨越。

数年之后，雪雁以优异的成绩考入东北师范大学，更在全校瞩目的演讲台上，以她那温婉而坚定的声音，向世界宣读——"教育者的爱心，会使孩子看到不一样的自己！"

教养的底层逻辑

每颗种子都有其独特的成长方式，孩子们亦是如此。有的孩子自幼便展露出耀眼的才华，如同早春的花朵般引人注目；而实感型孩子，则如深秋的果实，需要更多的时间和耐心去发掘他们的内在潜力。父母不应仅凭孩子一时的表现，就轻易给他们贴上标签。

教养子女，如同耕种田地，需要精心耕耘、耐心等候。我们无法强迫，更无法替代种子成长，我们能做的便是给予他们无尽的耐心、深厚的爱心和坚定的恒心，为他们提供一个充满爱与关怀的良好环境，让孩子在自由的土壤中汲取养分，沐浴阳光，绽放出他们自己的生命之花。

个性化养育方案

用"三心"给实感型孩子建立独特的成长体系

1. 爱心滋养策略

明确向孩子表达自己的爱，让孩子知道，父母不会因成绩或行为不良而厌嫌他们，让孩子感受到父母带给自己的安全感。

及时发现并赞美孩子的优点和进步，用正面的语言予以鼓励，增强实感型孩子的自信心和内在动力。

2. 耐心引导策略

深入了解孩子的兴趣、学习习惯和难点，制订符合其特点的学习计划。

对于实感型孩子学习或其他问题上的挑战，采用分步教授法，逐步引导孩子理解和掌握，避免提出一步到位的高要求。

3. 恒心培养策略

面对孩子的困惑或抗拒，需保持冷静和耐心，坚持以平和的态度与孩子沟通。

父母也要展现出持之以恒的精神，无论是在工作还是生活中，都要为孩子树立一个值得学习的好榜样。

3 顺应孩子心理年龄，不要打乱他的成长节奏

> 每个孩子都有着各自特有的生长韵律。父母的角色应当是温柔而值得尊敬的园丁，善于倾听孩子的心声并尊重孩子内在的成长节奏，而非肆意地将自身的期望与意愿强加其上，企图按图索骥地塑造孩子的未来。

教育研习录

王莹有一个特别的习惯——每当别人催促或者站在她身后时，她的节奏就会被打乱，导致工作效率明显下降。其实，这个特别的习惯与王莹妈妈有关。王莹的妈妈是个急性子，而王莹恰恰是个性格沉稳的实感型儿童。因此，她的童年似乎总是在母亲的"催促"声中度过。

通常，小学生们在 4 点左右就放学了，王莹回到家时大约是 4 点半。妈妈要求王莹必须在 6 点之前完成她给王莹布置的各科习题。可是，王莹往往要写到 7 点左右才能完成，因为她做题的时候总是格外认真。

妈妈看到她这个样子，就会对比邻居家孩子乐乐的情况。妈妈总觉得，王莹没有乐乐做得快，是因为她做题不专心，贪玩。于是，妈妈便加强了监督，希望女儿端正自己的学习态度。

有时候王莹做题做太久，感到饥饿，向妈妈诉说，妈妈总会不耐烦

地打断她:"一让你做题,你不是上厕所就是饿,你这样将来怎么能上好大学?不写完不准吃饭!"

如此态度,令王莹感到困惑和恐惧,她不明白自己究竟做错了什么,为什么妈妈会对她发这么大的脾气。她坐在书桌前,这下真的没法集中精力做题了。

过了一会儿,妈妈偷偷地观察王莹,只见她只是将作业本摊开,却呆坐在那里,一字未动。妈妈顿时怒气上涌,大声质问道:"为什么不写作业?在想什么呢?"王莹默默地承受着妈妈的责问,委屈地望着她。妈妈再次逼问道:"我跟你说话呢,你怎么不回答?你是哑巴吗?"王莹终于无法忍受,大哭起来。

妈妈感到十分崩溃,失望地说:"你这孩子,真是无可救药了。你爱怎么样就怎么样吧,我不管你了!"说完,妈妈不再理睬王莹。

王莹哭了一段时间后,停了下来,一个人静静地坐在那里发呆。妈妈看到她这个样子,心中不禁生出几分不忍,于是好说歹说地将她拉去吃饭。

饭桌上,妈妈试图与王莹沟通,告诉她:"如果你写作业能快点,我自然就不会对你发脾气了。"王莹连连应声,但并未再多说什么。妈妈心中略感满意,似乎自己的话终于被孩子听进去了。

然而,事实并非如此。王莹的学习非但没有进步,还形成了一个心理障碍:只要有人站在她身后催促,她的节奏就会被打乱,做什么都无法集中精力。

教养的底层逻辑

常言道,"欲速则不达""心急吃不了热豆腐"。同理,家长在教育子女的过程中,若急功近利,往往会适得其反。

孩子始终是孩子,他们无法按照父母的想法去重塑自我。若真能如此，世间岂不遍布神童？

孩子当下的成长步伐稍显缓慢，并不意味着未来没有出息；他们与同龄孩童的差异，也并不意味着某种缺陷或不足。牛顿、爱迪生、毕加索等巨匠，在童年时期均被视为"异类"，但谁又能抹杀他们后来的辉煌成就呢？父母切勿轻易以比较为标尺，给孩子贴上问题的标签，更不可草率地对这些标签作出定论。

个性化养育方案

如何做到顺应成长节奏正向养育

1. 全面把握成长阶段特征，实施精准养育

婴幼儿期：此阶段，父母应着重于提供丰富多样的感官刺激，包括触觉、听觉、视觉等方面的体验，以促进大脑发育和感知能力的提升。通过亲子互动，如玩玩具或做游戏，为孩子创造充满爱与探索的环境。

学前期：该阶段，父母需重点激发孩子的探索欲和好奇心，利用游戏等日常互动，引导孩子学习基本的生活自理技能和社会交往规则。同时，着重培养孩子的想象力和创造力，为其未来的发展打下坚实的基础。

学龄期：到了这一阶段，父母应重点关注孩子的学业进展，同时加强培养孩子独立思考和解决问题的能力。通过设定合理的目标和期望，鼓励孩子自主学习。

2. 适度放手，促进孩子自主成长

父母应避免过度保护，允许孩子在安全的环境中尝试新事物，经历失败并从中吸取教训。这样的教养态度，有助于培养孩子的适应能力和韧性，为未来的挑战做好准备。

同时，务必尊重孩子的个性和兴趣，不要强迫他们按照自己预设的路径发展。鼓励孩子根据自己的节奏和兴趣探索世界，以实现个性化的成长和发展。

3. 深度关注孩子的情感需求，建立情感联结

放下手中的电子设备，全心全意地倾听孩子的分享，理解他们的感受和想法。这样，父母与子女之间才能建立良好信任与理解，强化亲子关系。

用同理心回应孩子的情感需求，避免贬低或忽视孩子的感受。通过积极的反馈和鼓励，帮助孩子建立健康的自尊心和自信心，以促进孩子的全面发展。

忍住，别插手！
再慢也要让孩子自己完成

> 即便孩子无法达到我们的预期，也要克制那双准备伸出的援手。要赋予孩子一方辽阔的天地，任由他们在尝试中摸索，在错误中摔倒，在岁月的洗礼下悄然成长。因为唯有历经风雨的雕琢，承受困难的洗礼，他们方能如松柏般坚韧。

教育研习录

姚贝贝做事总是慢条斯理，一丝不苟，每一个动作都不紧不慢，这在急性子的父母眼中，成了难以接受的缺点。

每天早晨，当姚贝贝拿起衣服准备自己穿上时，爸爸妈妈就忍不住开口："贝贝，还是让我来帮你穿吧，你这样太慢了。"说着，他们便伸手抢过衣服，开始替姚贝贝穿戴。尽管姚贝贝很想自己完成，但在父母急切的眼神下，最终还是顺从了。

同样的情景也发生在整理书包和做家务上。每当姚贝贝想要自己做点什么事情时，父母总是心急火燎，然后以"你太慢了"为由，代劳一切。

就这样，姚贝贝养成了"衣来伸手，饭来张口，油瓶倒了也不扶"的依赖习惯。他有条不紊的慢节奏，也演化成了散漫。

在学校，姚贝贝的依赖性与散漫让他备受困扰。集体劳动时眼里根本看不见活,小组活动总是给别人拖后腿,同学们的嫌弃与嘲笑让他倍感压力,他开始封闭自己,不再与人交流。

父母终于意识到问题的严重性。然而,尽管他们开始鼓励姚贝贝独立做事,但长期的代劳已经对姚贝贝造成深远影响。他始终无法建立起自信心,也缺乏独立解决问题的能力。对于未知事物,他极不愿意尝试。虽然家庭氛围已经变得轻松且宽容,但姚贝贝的问题仍需要很长时间来解决。

教养的底层逻辑

成长,本质上是一个在实践中萌芽、在锻炼中蜕变的过程,孩子需要亲手去触摸、去感知、去体验,才能完成。

父母应当给予孩子更多的自主权,甚至积极创造各种机会,让孩子在实践中锻炼、学习,这样才能真正激发孩子内在的潜能和兴趣。

以孩子学习整理为例,起初,孩子可能会显得手忙脚乱,整理的速度缓慢。但是,正是在一次次的尝试和摸索中,他们逐渐领悟了整理的技巧,学会了如何将书本、文具和杂物分类放置,最终能够迅速而有序地完成整理任务。

如果父母总是因为孩子的速度慢而急于插手,那么孩子就会失去主动学习和探索的机会,他们即使掌握某项技能,也要比同龄人晚很多。

个性化养育方案

如何让节奏慢的孩子稳步成长

1. 增强孩子的独立性与解决问题的能力

教会孩子使用时间管理工具,如时间表、闹钟等,帮助孩子逐渐掌握时间管理技巧,提高生活和学习效率。

与孩子一起制订一些小目标,比如"看看我们能不能在××分钟内做完这件事，比一比我们谁做得更快"，变催促为引导。目标应具体、可衡量，完成后给予孩子适当的奖励和鼓励。

2. 父母放松心态，调整教育方式

不要拿自己的节奏衡量孩子，学会放松心态，以平和的态度面对孩子的慢节奏。

逐步减少代劳行为，在必要时给予孩子指导和帮助，但不应完全代替孩子去完成。

3. 培养孩子做事的计划性和目的性

培养孩子养成凡事做计划的习惯，且计划的详细程度越高越好。这样一来，孩子可以按照计划有条不紊地执行每项任务。这种针对性锻炼不仅能够充分发挥慢节奏孩子的优势，而且有助于孩子逐渐克服拖延和犹豫等问题。

另外，定期总结必不可少。父母应借此引导孩子清晰地认识到，自己在哪些方面仍有待改进，从而在日后的生活和学习中逐渐提高效率。

持续精神强化：
把孩子当天才，他就是天才

> 每个孩子都是优秀又可爱的精灵，父母的每一份认可与信任，都会在孩子心里悄然种下自我肯定的种子。他们会不加怀疑地接纳这份来自父母的评价，渐渐地，一种确信在孩子内心生根发芽——自己就是拥有无尽潜能、聪慧异常的孩子。

教育研习录

国外一位权威教育学家曾做过一项教学实验。实验者请两位新入职的教师分别教授两个班级：一个是经过专业测定确认为天才儿童的 A 班，另一个则是由普通智力水平的儿童构成的 B 班。不过，实验者刻意误导了这两位教师，使他们对各自班级学生的真实水平产生了错误认知。

具体而言，二人被告知，甲教师负责的是天赋异禀、潜力无限的"天才班"（实际上是 B 班），而乙教师则负责教授资质平平、需要更多引导的"普通班"（实际上是 A 班）。

基于这样的错误信息，两位教师在心中为这两个班级的学生分别贴上了不同的标签，并据此形成了特定的教学态度与期望。

在一年里，教师们带着各自预设的观念，全心全意地投入到教学中。乙教师教授 A 班（误认为是普通班）学生时，更加注重基础知识的巩固和耐心的引导，鼓励他们逐步进步；而甲教师教授 B 班（误认为是天才班）的学生时，则采取了更加开放和挑战性的教学策略，鼓励探索与创新，激发他们的潜能。

一年后的教学成果测试，结果令人震惊且富有启发性：原本的 B 班学生，在教师的积极期望与鼓励下，成绩突飞猛进，展现出了接近"天才儿童"的水平表现；相反，原本的 A 班，在教师的相对保守和常规的教学模式下，学生们的进步虽然稳健，但并未能充分释放其天赋，相对于他们的智力而言，成绩仅维持在普通水平。

教养的底层逻辑

每一个孩子都有成为天才的潜力，关键在于，父母能否以对待天才的方式去热爱他们、欣赏他们、教育他们，为他们营造一种"自己是天才"的感觉。

积极的暗示就是用耐心的语言对孩子进行持续性的精神强化，他很优秀，要使他变得更加优秀，他现在还不算是优秀，但也要把他当成优秀的孩子来对待，把孩子目前的缺点、弱点当成暂时现象来对待，对他进行持续性的精神塑造。

坚持一段时间，我们就会发现，以这种积极的、肯定的方式引导孩子，不仅能使孩子更容易接受父母的期望，还会加速培养孩子的精神力量与积极思维，使孩子在看待自己时，充满正能量。

个性化养育方案

如何给孩子制造内在天才感

1. 塑造"成长型思维"

精心挑选与孩子兴趣相契合的杰出人物成长事迹，通过共同观看高质量的纪录片或阅读权威性传记书籍，引导孩子深入了解这些人物的奋斗历程，包括他们的成功经验和面对挫折时的表现，鼓励孩子主动思考并从这些故事中吸收营养，通过讨论的形式促进他们的批判性思维和自我反思能力的提升。

2. 构建可视化成长轨迹

详细记录孩子的每一次尝试、进步及成就，确保数据的准确性和连续性。安排固定时间，与孩子一起回顾成长记录，直观展示其成长轨迹，增强孩子的成就感和自我认知。

鼓励孩子向家人、朋友展示自己的成长记录，通过社会认可提升孩子的自信心和荣誉感。

3. 共同庆祝成就

为孩子设立一个专属的"成就墙"，展示他们的每一次进步和成功，营造积极向上的家庭氛围。

在尊重孩子意愿的前提下，可以在家庭聚会上为孩子安排特别的分享环节，邀请他们讲述自己的成长故事和成就，同时给予真诚的表扬和鼓励。

慢进步，
在松弛感中完成逆袭

> 学习，犹如一场漫长的马拉松，其间不仅考验着速度与力量，更深刻地映射出教育者耐心与智慧的较量。"抢跑"与"内卷"，或许能为孩子在比赛初期抢得领先之位，然而，它们却难以保证孩子拥有支撑他稳健前行、持续闪耀的不竭动力。

教育研习录

李炳川从小就喜欢睡觉。小学时，他就养成了一个雷打不动的习惯——每晚九点准时上床，快速入眠，仿佛他的生物钟被精确设定在了这一刻似的。

与其他孩子穿梭于各种补习班之间不同，李炳川的生活和学习节奏非常缓慢。整个小学，他的成绩都很一般，也没有展现出其他方面的天赋。

进入中学阶段，李炳川仍然坚持着早睡的习惯，依旧不参加补习班，与那些夜以继日攻读、埋头刷题的同学形成了鲜明对比。到了初三，或许是得益于长期充足的睡眠，他的体力与精力都达到了前所未有的充沛状态，学习效率与复习效率也因此飙升，最终成功考入市实验性示范高中。

高中阶段，即便到了高三这个学业压力巨大的时期，他的睡眠时间虽然有所推迟，但他从未真正熬过夜。他曾半开玩笑地对家人说："我才是真正地在上晚自习好不好，班级里很多同学其实都在'假自习'——他们拿着书本打瞌睡呢！"

结果有点儿出人意料，李炳川最终以优异的成绩考入了武汉大学，并一路直博。

李炳川的升学之路走得颇为顺畅，这背后离不开多种因素的共同作用。而他那份"淡定"与"松弛"的心态，无疑是成功的秘诀之一。这还要归功于，在他身边有一位从不焦虑的母亲。

面对孩子"佛系""不紧不慢"的性子，李炳川的妈妈虽然也有些心急，但从不催促、逼迫孩子。她深知休息的重要性，除了确保孩子每天拥有充足的休息时间外，她还经常利用闲暇时间带孩子去运动、去游玩，让孩子充分拥抱大自然。周末和假期，他们最常去的地方便是博物馆和图书馆，这两个地方不仅丰富了孩子的知识，也让他的心灵得到了滋养。

教养的底层逻辑

对于那些发育迅速、学习能力超群的孩子而言，"抢跑"或许能让他们在短期内保持领先优势，但这样的做法极有可能削弱孩子的学习热情，或是让他们失去探索未知世界的渴望，进而错失发掘自我兴趣爱好的宝贵机会。而对于实感型的孩子来说，"抢跑"所付出的代价则较为沉重，它不仅剥夺了孩子的睡眠与休息时间，还可能侵蚀孩子的自信心，损害他们的心理健康，乃至影响他们未来面对挑战的勇气与决心，实在得不偿失。

孩子的成长，是一个循序渐进的过程，绝非一朝一夕所能达成。在这个漫长的旅途中，父母持之以恒的陪伴与及时鼓励尤为关键。家长需要帮助实感型孩子克服前进道路上的畏难情绪，为他们提供坚持下去的力量。当坚持渐渐成为孩子的一种习惯时，这股由内而外生发出的力量将是无比强大的。

个性化养育方案

如何陪孩子慢慢成长

1. 提供"留白"空间

为孩子创造更多自由探索、休息与创造的时间与空间,让他们在放松的状态下享受童年。

根据孩子的实际情况和学习能力,灵活调整学习计划,确保孩子在精神松弛的状态下学习。

2. 建立教养的松弛心态

父母每日记录自己的心态变化,识别并反思紧张、焦虑的来源,逐步学会放松和调整。

接受孩子的不完美,不必强求孩子达到自己认为应该达到的某种"标准"或"期望",关注孩子在成长过程中的努力和进步,而不仅仅是结果。

3. 相信孩子在做正确的事情

"与其读十部无关轻重的书,不如用读十部书的时间和精力去读一部真正值得读的书。"孩子学习看似慢吞吞,实则是大脑在进行深度思考。父母不要轻易去打乱他们的节奏。

对于实感型孩子,父母要从认知层面上确信,只要他在成长,即便是慢一点,以后一样可以很优秀。

敏感型儿童：

正确表达想法和情绪，
高敏感等于高势能

为什么敏感型儿童总是看上去很任性

> 很多孩子就像随风而安的蒲公英，无论土壤贫瘠或肥沃，皆能顽强地成长。然而，有那么一群孩子，他们敏感细腻，宛若娇贵的兰花，稍有不慎便可能黯然枯萎。但是，若能在童年的画卷上添上一抹温馨与快乐的色彩，这些兰花般的孩子，在未来的日子里，或将绽放出比那些坚韧的"蒲公英"更加绚丽的花朵。

教育研习录

兰兰让小鹿老师非常头疼。

这个小女孩做错事情，小鹿老师只是稍微批评了一下，她就一个人坐在小椅子上，不言不语，流着眼泪。

午餐的时候，幼儿园为孩子们准备了鸡腿和湿纸巾。湿纸巾是用于孩子们在吃完鸡腿后擦拭双手和嘴巴的。然而，兰兰却置之不理，径自用袖子擦拭嘴巴。更气人的是，她还一边擦一边看着小鹿老师，仿佛在挑战老师的耐心。

午后上课，小鹿老师吩咐让孩子们安静下来，兰兰却想方设法制造出一些声响。小鹿老师提醒孩子们外面气温较低，要穿上外套才能外出活动，兰兰却置若罔闻，就是不肯穿衣。

经过与兰兰父母的沟通，小鹿老师了解到，兰兰在家中常有类似表现，经常莫名其妙就不开心，任性使气，故意与父母对着干。父母先是哄劝，继而讲道理，但兰兰压根听不进去，最后只能采取强硬措施。

听到兰兰父母的描述，小鹿老师心中一惊。从儿童心理学和发展学的角度来看，兰兰很可能属于高敏感儿童。她的这些看似任性的行为，实际上在她自己看来都是合情合理的。

教养的底层逻辑

"高敏感"这一概念由美国临床心理学博士伊莱恩·阿伦提出，专指那些天生具备敏锐感知能力的人群。研究显示，有10%至20%的孩子属于高敏感群体，他们大脑内部处理感知信息的神经系统与常人存在一定差异，导致各种感觉体验都被显著增强。

高敏感气质的孩子通常情绪稳定性较差，对于他人的批评尤其敏感，一旦语气稍重或声音稍大，他们便难以承受。他们的意愿遭到拒绝或干涉，内心世界便如同脆弱的小屋，在风暴中崩塌，产生强烈的不安全感。他们会变得焦躁不安，大哭大闹，仿佛是世界末日一般。这常常让外界误以为他们偏激、任性、难以管束。

但是，高敏感实际上只是孩子的一种气质，甚至可以视作一种优势。许多高敏感的孩子都展现出聪明、细致且追求完美的特质，只是他们需要父母给予他们更多的鼓励、倾听和理解，以及持久温柔的对待。

敏感型儿童的优势与劣势

项目	高敏感性的优势	高敏感性的劣势
情感深度	情感体验丰富，能深刻理解他人感受	情感波动大，易受外界情绪影响
观察力	敏锐的观察力，易察觉细节和微妙变化	过度关注细节，可能导致信息过载

续表

项目	高敏感性的优势	高敏感性的劣势
同理心	强烈的同理心，擅长倾听与安慰他人	过度同理可能导致自我消耗，情感疲惫
创造力	丰富的想象力和创造力，易于产生新想法	创意过剩时可能难以抉择或实现
决策能力	考虑周全，决策谨慎，避免冲动行为	决策过程可能过于冗长，导致拖延
环境适应性	对环境变化敏感，能快速调整自己	过于敏感可能导致焦虑或不安
人际关系	擅长建立和维护深入的人际关系	可能因过度在意他人而牺牲自我需求
自我认知	对自我有深刻的认识和反思能力	可能因过度自我反思而陷入消极情绪

个性化养育方案

让高敏感的孩子感受更多的爱

1. 进行视角转换

将高敏感孩子视为具有极高可塑性的宝藏，而非脆弱的个体。父母的耐心与投入，将为他们开启不同凡响的成长之路。

绝不要因为孩子的情绪表达（如乱发脾气）给他们贴上负面标签，如任性、不懂事等，理解这是孩子独特情感世界的反映。

2. 深化情感沟通

在与孩子交流时，主动蹲下身来，保持眼神平视，以此展现尊重与平等的态度，为孩子营造一个无压力的交流氛围。

通过温和的身体语言，如微笑、点头等，传达出对孩子的关注与理解，以进一步拉近亲子间的距离。

3. 优化情绪引导

当孩子愿意分享时，耐心倾听他们的诉说，不急于打断或给出建议，而是尝试理解其情绪背后的深层次原因。

积极鼓励孩子用言语表达自己的感受，无论是喜悦还是悲伤，帮助他们认识到情感表达的重要性，并逐步建立健康的情感表达机制。

为孩子创造一个安全、私密的空间或环境，让他们能够自由地释放负面情绪，如通过绘画、写日记等方式，有效缓解心理压力。

2 首要任务
——保持自己情绪的稳定

> 父母的情绪，犹若家庭的晴雨表，会对孩子造成直接影响。父母的情绪，稳则波澜不惊，养就孩子性情的温润与坚韧；急则风雨飘摇，牵动孩子心中的敏感，让其无所适从。有一对情绪稳定的父母，是孩子的一生之幸。

教育研习录

陈海飞是家中的独生女，成绩好，善解人意，却也天生敏感。在她16岁那年，随着二孩政策的放宽，父母决定为陈海飞增添一个弟弟。母亲怀孕后，身体日渐不适，时常感到腰酸背痛，精力大不如前，难以继续悉心照料陈海飞的生活起居。于是，父母商议让陈海飞住校，每周仅回家一次。

半年时光匆匆流逝，母亲的腹部日益隆起，行动愈发不便。每当吩咐陈海飞做些琐事，她总是带着几分不耐烦，家中的气氛因此时常笼罩在口角与争执之中。孕期情绪波动的母亲，有时也会口不择言："你什么都帮不上忙，看来我生二胎是对的！赶紧回学校去吧，我现在看见你就烦。"

陈海飞变得越来越沉默，脾气也日益暴躁。父母虽然察觉到了她的变化，但只当她正处于叛逆期，并未过多关注。然而，不久后，他们发现，陈海飞开始热衷于打扮，每周回家都会向母亲索要零花钱购买衣物。更令人心惊的是，她的腹部似乎也在微微隆起，时常伴有恶心感，母亲一惊，这与自己怀孕初期的反应颇为相似！母亲私下将陈海飞唤入房间，小心翼翼地询问起来。

原来，父母为了让陈海飞住校以便迎接二胎的决定，在陈海飞敏感的心中种下了被驱逐的阴影，觉得家中已无自己的容身之地。这份对父爱、母爱的缺失，让她深感不安。恰在此时，班上一位与她经历相似的男生走进了她的世界，两人越走越近，最终确立了恋爱关系，并跨越了那条不可逾越的界限。

得知真相的母亲，内心充满了悔恨与痛苦，她将陈海飞紧紧拥入怀中，仿佛要用尽全力弥补过去的错误。然而，一切为时已晚。

教养的底层逻辑

胡适先生在自传中回忆起母亲冯顺弟，曾深情地感慨道："如果我学得了一丝一毫的好脾气，如果我学得了一点点待人接物的和气，如果我能宽恕人、体谅人，我都得感谢我的慈母。"先生坚信，自己如今的成就，与母亲那独特且吸引人的好脾气有着密不可分的联系。

从教育学的角度来看，这其实是一个极为深刻的见解。我们常常说，孩子是父母的影子，他们的言行举止、待人接物无不透露出家庭的风气和教养。在成长的过程中，孩子最容易受到父母情绪的感染。父母情绪稳定，孩子即使性格敏感，感受到的，也都是如沐春风般的温暖，他们可以在一个松弛、和谐的家庭氛围中茁壮成长，从而培养出自信阳光的性格和有条不紊的处事态度。

然而，若在一个情绪失控的家庭氛围中成长，父母动辄冷嘲热讽，对着孩子随意发泄不良情绪，那么高敏感的孩子往往就会陷入情绪的旋涡，他们的性格和心理发育往往也会留下深刻的缺陷。

个性化养育方案

父母的情绪修炼课

1. 按下暂停键，自我觉察再重新启动

每当感到情绪激动或即将对孩子发火时，立即按下"暂停键"，给自己至少 30 秒的停顿时间。

在停顿期间，自问以下问题："我现在的情绪是否合理？发火能解决问题吗？我是不是也在用孩子的方式处理问题？"通过反思，调整自己的情绪状态。

2. 反省，并重新构建亲子沟通模式

在与孩子沟通时，多用"我"开头的句子表达自己的感受和需求，如"我感到有些失望，因为……我希望你能……"，避免使用"你"开头的指责性语言。

如果因情绪激动而对孩子发了脾气，事后应立即向孩子道歉，解释自己的失控行为，并承诺改进，以重建亲子间的信任。

3. 保持柔软而坚定

柔软，就是让孩子切实感受到来自父母的爱，建立富有安全感的家庭关系。

坚定，就是明确界限，让孩子知道什么可以做，什么不可以做，父母不会妥协。

也就是说，对于孩子的合理要求，我们应尽量满足；对于不合理要求，我们要用温柔的语气拒绝，并解释原因，让孩子明白规则的必要性。

如何纠正错误想法，
又不过度刺激孩子

> 孩子犯错时，并不抗拒父母的教诲，但他们难以接受某些家长的教育方式。过度的严厉斥责，只能让孩子心生委屈，情绪激愤。即便父母的话再有道理，孩子往往也难以静心反思，因为他们的内心已经被愤愤不平所占据。

教育研习录

每天放学后，高文斐总是迫不及待地放下书包，奔向户外尽情嬉戏。对此，爸爸时常责备他，甚至有时会动手打骂。结果适得其反，高文斐的学习态度并未因此改善，反而变得更加抵触学习。有时，他甚至会将自己反锁在房间里，一言不发，拒绝进食，这让爸爸束手无策。

某日，高文斐的姑姑来访，恰逢高文斐的爸爸因学业问题严厉训斥高文斐。面对爸爸的训诫，高文斐倔强地不说话，也不去学习。爸爸被激怒了，大声呵斥着就要揍他。见状，姑姑站了出来，说："大哥，让我来和斐斐聊一聊吧。"

高文斐的姑姑是一位教师，显然在引导孩子方面更有经验。她将高文斐带到房间，轻轻抚摸着他的头，温和地问道："斐斐，在外面玩是一件很开心的事情，对吗？"

高文斐犹豫了一下，回答道："其实，也不是特别开心。"

姑姑趁机问道:"既然也不是特别开心,为什么不愿意回来学习呢?"

高文斐低头小声说:"爸爸不喜欢我,总是骂我,那我为什么还要听他的话呢?"

姑姑听后,语重心长地说:"好吧,既然这样,姑姑也认为是爸爸不对。不过,你认为是先复习和预习完功课再去玩比较好,还是玩完被爸爸骂,最后还是要学习比较好呢?"

高文斐沉默了,姑姑继续开导:"你是不是也觉得先学习再去玩,心里没有压力,也不用听爸爸唠叨,会玩得更开心?"

高文斐点了点头,然后走到书桌前,打开书包,开始认真地做起作业来。

看到这一幕,高文斐的爸爸也意识到,是自己以往的教育方式过于粗暴,导致本就性格敏感的孩子对自己产生了抵触情绪。从此以后,高文斐的爸爸改变了教育态度,以更加温和和宽容的方式去对待孩子的错误。高文斐也变得更加懂事,学习成绩也有了显著的进步。

教养的底层逻辑

若要促使孩子纠正其行为偏差,仅凭一顿严厉的斥责或许能短期内见效,但遗憾的是,这种方法往往难以阻止相同错误的再次发生。若要孩子深刻领悟错误本质,实现真正的自我反省,家长则需采取更具智慧的方法——点拨,引导孩子理解错误的根源,并激发其自我规范的意愿。

事实上,父母的严厉态度,易使敏感型的孩子心生畏惧,而冗长的说教则可能刺激敏感型孩子的逆反心理,这样的教育方式无疑难以实现预期的教育目标。

为此,这里建议大家转换教育思维,采用一种更为温和且富有启发性的态度,在与孩子的互动与讨论中,巧妙地引导孩子思考。

个性化养育方案

点拨敏感型儿童的正确方式

1. 不要总对孩子说"不"

孩子要管,但也不能管太严,不要动不动就对孩子说"不对""不行""不可以"。此类话语往往会使敏感型儿童心中愤怒的小火苗熊熊燃烧。

2. 使用温柔的提醒

改变沟通方式,不急不躁地轻声提醒,比如:"斐斐,我们约定好,再玩 10 分钟,然后把今天学的东西复习一下。"将命令的语气改成商量的口吻,并且给予孩子一定的缓冲时间,从情感上说,大多数孩子就不会那么拒绝了。

3. 给予有限的选择

尝试有限选择法。比如:"斐斐,你是想玩过之后,占用和爸爸妈妈聊天的时间学习,还是想学完以后,和爸爸妈妈一起聊天并且玩耍呢?"

不要强制,但要给选择加上条件,孩子自然会做出有利于自己,实际上也是有利于父母教育的选择。

4 敏感型儿童
需要找到合适的情绪出口

> 当孩子情绪出现问题时，不妨给他一个大大的拥抱，就像春天温暖的阳光悄悄拂过新发的嫩芽。就在那时，用爱说出心底的话："我们知道你心里难过，我们理解你。""不管遇到什么，我们都会在你身边，你只需要负责自己的勇敢就好了。"
>
> 父母的共情与理解，之于孩子而言，就是无限的勇气和力量。

教育研习录

自幼时起，洋洋便承受着父母的高标准严要求。仅仅听话懂事远远不够，她必须更加优秀，超越同龄人。

当别人家的孩子还在沉睡时，洋洋已早早地在清晨 5:30 开始了早读；当家庭作业完成后，她还要额外完成一张试卷以巩固所学；周末的休闲娱乐，对洋洋而言，从来都是奢侈，她需不断地在钢琴与画笔之间切换，父母布置的每一项任务都不能有丝毫松懈。

倘若没有达到父母的期望，便会遭到严厉责备。然后父母还要"苦口婆心"地说："我们累死累活赚钱，还不都是为了培养你，你这样不争气，对得起我们吗？"

"只要你努力向上，我们就算累死也无怨无悔。"

在父母看来，这是对孩子的深情激励，却不知在洋洋心中，它逐渐化作沉重的枷锁。她不敢有丝毫懈怠，生怕辜负了父母的期望，即使内心压抑，也要竭尽全力满足他们的期待。

渐渐地，洋洋开始质疑自己的存在，她内心深处出现一种错误认知——觉得自己似乎是个负担，一个只会给父母带来麻烦的存在。

随着压力和负面情绪的不断累积，洋洋心中的愧疚感愈发强烈。每次成绩不如意，她就感觉像是欠下了父母一份沉重的债务，仿佛只有拼尽全力，才能赎回这份愧疚，否则便是辜负了他们的期望，便是失去了良知。因此，只要考试成绩不佳，洋洋心中那份愧疚便如潮水般汹涌而来，将她推向更加激烈、更加无休止的内耗旋涡。

然而，父母对此一无所知。他们眼中的洋洋，一直是个努力拼搏、积极向上的孩子。他们怎么会知道，洋洋这些年一直在无声的痛苦中挣扎，孤独地承受着各种负担和折磨，心中那份沉重的压力从未消散。

进入初中后，洋洋的问题逐渐显现出来。每当走进学校，她便会感到恶心、胃痛、心绪不宁。起初，父母以为是她的身体出了问题，便急忙带她去医院检查。然而，经过多家医院的诊断，洋洋的身体各项指标均正常，没有任何问题。失望之余，父母曾一度愤怒地将她独自留在学校门口，并警告她："你要是再敢撒谎、逃避上学，就永远别回家了！"

然而，没过多久，班主任的一通电话彻底打破了这份宁静。

"今天在课堂上，我无意间发现洋洋的手腕上布满了用小刀刻划的伤痕。你们最好抽时间带孩子去接受专业检查。现在的孩子压力普遍较大，班里已经有两个孩子因为压力过大，被查出患有抑郁症。"班主任的话语如同一道惊雷在洋洋父母心中炸响，让他们意识到了问题的严重性。他们立刻带着女儿去了医院，当看到检查结果的那一刻，他们的内心充满了悔意——洋洋竟然患上了重度抑郁和焦虑症。医生建议她住院接受进一步治疗。

教养的底层逻辑

每个人都应该找到情绪发泄的渠道，特别是孩子。由于他们的心理承受力较为薄弱，且不善于像大人那样给自己讲大道理自我开解，所以要求他们迅速调整心态，保持乐观开朗，确实有些强人所难。

那些天性细腻的敏感型儿童，他们的情感世界犹如水晶，晶莹却易碎。在学习、生活以及人际交往的种种压力下，孩子们时常会手足无措。如果一直将对父母的不良情绪压抑在心中，久而久之，难免会在某一天因一个刺激，而做出过激之举。

个性化养育方案

如何引导孩子正确发泄情绪

1. 不对孩子进行情绪绑架

当孩子表达负面情绪时，即使行为有点儿过激，也不要对他说："你这样，爸爸妈妈很生气，我们会不喜欢你。"不要让孩子觉得，他应该对父母的情绪负责。

父母应做到不怀疑、不否认、不压制、不贬低，首先自己要接受孩子的负面情绪，然后帮助其去接受和识别情绪，再教给他处理情绪的方法。

2. 丰富孩子对情绪的认知

在孩子出现各种情绪时，父母应立刻给予指导——你这是失望、沮丧、孤独、自负、高兴、自豪等，不断丰富孩子对情绪的认知。

父母可以通过现实案例等方式，引导孩子认识肆意发泄情绪的后果，使孩子明白，情绪可以发泄，但一定要控制在不伤人、不伤己、不影响社会和谐的界限内。

3. 给孩子独自处理情绪的机会

不要急于让孩子的情绪消失，激进的方法往往只会火上浇油。当孩子情绪发作时，如果只是寻常情况，父母可以冷处理，孩子发泄的同时，也会对情绪进行思考，不久就会平复下来。

当然，对于还不具备足够思考能力的孩子，父母还是要先将其哄好，再温和地跟他们讲后果、讲道理。

4. 把处理情绪的方法教给孩子

宣泄法：比如打沙发、打枕头（当然，对于有打人倾向的小男孩应慎用）、撕纸等。这些方法的背后理念在于，以最低程度的破坏性，且不影响他人的方式，安全有效地发泄情绪。

倾诉法：引导孩子，可以与父母、朋友聊一聊，可以与朋友一起散散心，做一些自己喜欢的事情，可以写心情日记等。

孩子自寻烦恼,
我们一定要帮帮他

> 任何一个时代,都只有那些不轻易内耗、内心强大的人,才能拥有幸福、自在的人生。作为父母,我们应当尽力引导孩子学会管理自己的情绪,让他们在未来的日子里,无论面对何种风浪,都能从容不迫、自信前行。

教育研习录

祁立静是一个略显丰腴的女孩。这份体态,也成了她成长路上的一抹忧虑。尤其是随着年龄的增长,对美的追求悄然在她心中萌芽,那份对自我形象的担忧便愈发显得沉重。妈妈看在眼里,急在心里,深知即便女儿能够成功减重,也无法彻底改变那份与生俱来的圆润,更无法将其塑造成她所渴望的纤细身姿。

在一个阳光明媚的星期天,祁立静的家中来了两位客人——她的姑姑与姑父。姑姑是一位在当地颇有名气的大律师,也是祁立静心中的榜样。那天,姑侄俩相谈甚欢,从学业到梦想,从生活点滴到未来展望,姑姑的每一句话都如同春风拂面,温暖而鼓舞人心。

姑姑、姑父离开后,妈妈心中灵光一闪,拉着祁立静的手说道:"宝贝,你知道吗,我最近发现了一件事情,你越长越像姑姑年轻时的模样了。我觉得，将来你也能像姑姑那样，在自己的领域里大放异彩。"

祁立静闻言，眼眸中瞬间亮起了光芒，那是一种被认可、被期待的喜悦。"真的吗？我最喜欢姑姑了，她是我心中最完美的女性形象！"孩子的声音里满是激动与憧憬。

妈妈微笑着继续道："当然是真的，你姑姑在大学时代，丰满又不失优雅，性格开朗豁达，老师和同学都很喜欢她。"

那一刻，祁立静仿佛被一股无形的力量所触动，她凝视着窗外洒落的阳光，心中那片关于身材的阴霾悄然散去。

教养的底层逻辑

烦恼有百害而无一利，因为无论我们如何忧虑，都无法直接解决任何实际问题，反而会使自己的心情变得更加糟糕，想法也会愈发消极。这种负面情绪会像滚雪球一样，越滚越大，最终压得人喘不过气。

对于孩子来说，偶尔的忧虑和烦恼其实并不可怕，因为这是他们成长过程中的一部分。可怕的是，父母对这些问题疏忽大意，没有给予孩子正确的引导和帮助。由于孩子自身缺乏足够的认知和判断能力，他们可能一时无法解决烦恼问题。在这种情况下，烦恼就会像章鱼的触手一样，紧紧地箍住孩子，让孩子难以摆脱，给他们的身心健康带来长远的伤害。因此，我们必须时刻关注孩子的情绪变化，给予他们必要的支持和引导。

个性化养育方案

怎样解决孩子的烦恼问题

1. 请孩子倾诉烦恼

父母应该主动成为孩子的倾诉对象，引导孩子说出心里话，带着同理心倾听，置换角度理解孩子，给予孩子合适的正向反馈，帮助孩子快速释放烦恼，走出阴霾。

2. 及时给予适当安慰

孩子出现烦恼时，父母应接纳孩子的情感，允许孩子适当发泄，如哭泣、喊叫等。

此时，父母态度需冷静，心里需重视，既不敷衍也不指责。安慰是为了消除孩子的烦恼和平复孩子的情绪，而不是为了将烦恼和情绪压抑下去。

3. 培养孩子的承受力

针对敏感型儿童娇气、任性等特点，父母需从小锻炼其承受能力，让孩子既能享受表扬，也能承受委屈。这样，孩子在面对挫折时会更加勇敢坚强，烦恼也会随之减少。

与此同时，父母应引导孩子正确理解竞争与失败，避免妒忌心影响其心理健康。

6

引导喜欢自我强迫的孩子走出"完美"的误区

> 当"完美"化作心灵枷锁,孩子可能正处在崩溃边缘。
>
> 孩子的童年独一无二且稍纵即逝,其中快乐才是最为璀璨的光彩。家长们应当深刻自省,是否自己对"完美"的执着追求,正悄无声息地剥夺了孩子纯真的笑容与成长的乐趣。倘若如此,是时候卸下这份沉重的期望,让爱与支持的阳光洒满孩子的心田,鼓励他们按照自己的节奏,在无拘无束中快乐成长。

教育研习录

李梦是一位对生活品质有着不懈追求的完美主义者,自然而然地,她很是希望将这份"精益求精"的人生态度传递给自己的独子——球球。自球球蹒跚学步、牙牙学语时起,李梦便开始精心培育他,期望他能在成长的每一步都展现出超越同龄人的优秀与卓越。

那时,球球还没有上幼儿园,每天傍晚,李梦都会拉着球球的小手,耐心地教他如何一笔一画地书写汉字,嘴里还不停地念叨:"球球,记住,做任何事情都要做到最好。"她的话语中充满了期待与鼓励,却也无形中给球球幼小的心灵种下了一颗名为"完美"的种子。

转眼间,球球到了上幼儿园的年龄。幼儿园的生活并没有像他想象中的那样充满欢笑与自由。每当小朋友们围坐在一起，开心地学习写字时，球球总是显得格外紧张与焦虑。他拿着铅笔的小手微微颤抖，每写下一个字都要反复斟酌、修改多次，直到它符合自己心中那个"完美"的标准。

结果可想而知，当其他孩子已经完成了整篇的书写练习，兴奋地展示给老师看时，球球却还只完成了一半。这种情形一多，球球的脸上便写满了挫败与不安。

更让球球感到难过的是，他在幼儿园里逐渐成为"另类"。一些孩子开始注意到他的"与众不同"，嘲笑他写字慢得像蜗牛，甚至有人戏称他为"小完美主义者"。在课间游戏时，球球也因为过度追求完美而显得有些格格不入。无论是搭建积木还是玩捉迷藏，他都力求做到最好，不允许有任何瑕疵，这让原本轻松、愉快的游戏变得失去了乐趣，也让其他孩子感到"压力山大"。渐渐地，他们开始疏远球球。

教养的底层逻辑

追求极致完美的孩子，往往自我要求严苛，能够不断监控并调整自身行为。在家长眼中，这似乎是一种极好的品质，无须自己过多操心便能见证孩子的卓越成长，看似非常完美。

然而，完美所带来的负面效应，很多父母却没有看到。要知道，正所谓"金无足赤，人无完人"，孩子亦然。过度的自我苛求与对他人的高标准，可能会悄然剥夺孩子的快乐，并滋生诸多不利影响。父母需认清利弊，在鼓励孩子追求卓越的同时，也要审慎权衡，避免因完美主义的不利影响夺走了孩子的快乐。

完美主义对儿童身心的影响以及特征表现

影响	详细描述	判断指标
快乐缺失与社交障碍	过度苛责导致快乐缺失和社交障碍	孩子的情绪状态：焦虑，不安，沮丧
	刻板行为影响灵活性和创造力	孩子的行为模式：追求极致，关注细节，牺牲效率
拖延与低效率	要求尽善尽美导致拖延	孩子的行为模式：反复做同一件事
	高标准带来心理压力	孩子的自我评价：负面评价和认知
身心健康危害	不切实际的高目标威胁身心健康	孩子的行为模式：追求不切实际的目标
	自我价值判断影响心理健康	孩子的自我评价：负面评价，不满足

个性化养育方案

如何防止孩子走入完美主义误区

1. 建立富有松弛感的家庭环境

父母应调整自身心态，避免过度的育儿焦虑，减少对孩子日常行为的过分关注，以营造轻松、愉快的家庭氛围。对于孩子在学习、生活等方面的进步，应多给予认可与鼓励。

2. 培养正确的竞争观念

一方面，父母应该纠正错误的竞争意识，不要将"卷娃"当成终身事业来做，不要拿自己的孩子与别人的孩子做比较，不要功利性地要求孩子必须优秀。

另一方面，父母可以通过故事讲述、角色扮演等方式，引导孩子理解"竞争与合作并存"的道理，学会在竞争中寻找成长的机会，在合作中分享成功的喜悦。

3. 沟通方式优化

在与孩子交流时，多使用鼓励性语言，如"你做得很好，继续努力""我相信你能行"等，增强孩子的自信心与成就感。

引导孩子学会自我肯定，如"我已经尽力了，我很棒""这次没做好，下次我会做得更好"等，帮助孩子建立积极的自我认知，而不是一味地要求孩子做到最好。

冒险型孩子：

克服单板思维，陪孩子玩出稀缺领导力

找出孩子"野性"中的潜力，进行针对性培育

> 人类诞生之初，便是大自然怀抱中的野性之子。
>
> 倘若孩童如同温室中精心培育的花朵，虽备受呵护，却难免脆弱。假若父母勇于放手，让孩子在广袤的自然中自由驰骋，于天地间肆意奔跑，吸取生命的能量，这样的孩子往往成长得更加茁壮，周身焕发着蓬勃的活力，洋溢着人格魅力中的野性之美。

教育研习录

苏浅浅是一位热衷于"野性养娃"的妈妈，自儿子铭铭蹒跚学步之日起，便引领他踏上草地，自由探索自然的奥秘。尽管家中长辈对此心存顾虑，担忧孩子健康，但苏浅浅始终坚守初心。

她认为，爬行不仅能够锻炼孩子的平衡感，更在无形中提升了他的手、眼协调能力。衣物上的些许尘土，只需回家轻轻一洗，便可焕然一新，所以那么在意干什么？即便与自然的亲密接触或许会使孩子受到病原体的侵扰，但在苏浅浅眼中，这并不能成为束缚孩子体验自然的理由。难道怕树叶砸脑袋，就不出门了吗？

随着铭铭走路越走越利索，苏浅浅更是确保他每天能有 4 到 6 小时

的户外活动时间，享受阳光的沐浴。在选择早教课程时，她更偏爱那些与体能训练紧密结合的内容。当铭铭三岁，同龄孩子纷纷涌入各类才艺班时，她却决定带着他踏上为期六个月的全国旅居之旅。

这个决定缘于她在熟悉的环境中难以找到满意的遛娃地点。尽管外界对她的做法感到不解甚至质疑，但苏浅浅坚信，只有让孩子走出家门，去感受广阔的世界，才能真正激发他的内在潜能。

旅途中，铭铭结识了许多新朋友，胆子也越来越大。无论是与路人、服务员还是同龄孩子交流，他都显得游刃有余、自信满满。迁徙生活培养了他的自主能力，他能独立完成日常琐事。旅途中，他的天性得到释放，与同龄人相比，他的生命力和朝气更加引人注目。

教养的底层逻辑

生命不怕艰苦的磨炼，怕的是缺乏活动和发展的空间。现在，许多孩子因为学习压力大和过度使用电子产品，越来越少有机会亲近大自然，整体状态显得有些消沉。要知道，孩子们成长过程中最需要的是父母深切的信任和恰当的放手。优秀的父母们采用了一种古老而又深刻的育儿方法，我们可以称之为"野性带娃"。

他们让孩子保持本色，尽情玩耍，勇敢地去探索未知的世界，充分感受世界的多彩多姿。即使孩子在探索的过程中会走些许弯路，甚至偶尔摔倒，他们也会把这些看作孩子成长过程中宝贵的锻炼机会。

适当地放手，让孩子自由发展，不仅不会限制他们的潜力，反而能在自由的探索中激发他们的无限可能，让他们在未来的人生道路上更加自信和坚强。那些看似只知道玩耍的孩子，其实是在展现他们天然的野性之美。

冒险型儿童的特征与优势

类别	描述
特征	精力充沛
	探索欲强
	勇于冒险
	个性独立
	社交能力强
优势	自信与勇敢
	创新思维与创造力
	社交与领导能力
	适应性与韧性

个性化养育方案

如何在合理范围内保留孩子的野性

1. 支持孩子大胆尝试

在孩子成长的不同阶段，应逐步减少对其的过度保护，并同步加强对其独立生活及适应社会能力的培养。

冒险型孩子探索世界的欲望极强，当孩子表现出某些看似破坏性的行为时，父母应避免过度责备或严厉制止。我们应该让孩子在试错中学习和成长，因为具备试错经验的孩子在未来才更有可能深刻理解并遵守社会规则。

2. 鼓励孩子大胆表达

父母应尊重孩子的言语表达，避免以"大人说话小孩不许插嘴"等形式剥夺孩子的发言权。

应积极营造开放、包容的交流氛围，试着常询问孩子："你觉得应该怎么办？""你的想法是怎样的？"这样的沟通能够强化孩子的独立思考与独立表达能力。

3. 允许孩子大胆接触社会

应避免将孩子圈养起来。当孩子想要去外面撒野时，不应以"外面坏人多"等理由恐吓或限制其行动。在确保孩子人身安全的前提下，应为其提供一片可以自由探索和玩耍的空间。

从孩子小时起，就应该给予他们自由发展社交能力的权利，父母只需从旁纠正与引导，不要过多干涉，更不要帮孩子划定朋友圈。

保持开放与兼容，
不要压制孩子的"特别想法"

> 想象力是儿童的翅膀，它能引导孩子冲破思维定式，让他们看到更大的世界。孩子们有了这对翅膀，才能飞得更高。别把孩子困于小小"囚笼"，不要压制孩子们特有的创造力。

教育研习录

一位妈妈为孩子精心设计了一份试卷，其中一道题问："雪化了是什么？"我们或许会毫不犹豫地说出那个标准的、科学的答案。然而，这位妈妈却看到一个出乎意料的回答："雪化了是春天。"遗憾的是，这个别出心裁的答案被妈妈用醒目的红叉所否定，只因为不是标准答案，那个红叉就像一把无情的利刃，将孩子的想象力扼杀了。

让我们再来看一个发人深省的故事。

英国的小学美术老师达琳，在来到中国某地进行学术交流期间，被众多当地老师询问如何培养孩子的创造性。达琳困惑地反问道："创造性怎么能教呢？"她给中国的孩子们布置了美术作业，题目为《快乐的节日》。然而，她惊奇地发现，许多孩子画的都是圣诞树。经过细心观察，达琳找到了原因：孩子们都把目光聚焦在教室墙上的一幅画上，而那幅画里正好有一棵圣诞树。于是，她尝试遮住那幅画，期望孩子们能发挥自己的想象力，创作出与众不同的作品。然而，令人震惊的是，孩子们在失去这个"参照物"后，竟然显得茫然无措，无从下手。

教养的底层逻辑

"想象力比知识更重要，因为知识是有限的，而想象力概括着世界上的一切，推动着社会进步，并且是知识进化的源泉。"爱因斯坦如是说。

那些缺乏想象力的人，往往不会自发地思索解决问题的途径，而是倾向于依赖他人或沿用传统思维模式。如果孩子是这样，在未来的职业生涯中，他将难以胜任需要创造性思维的工作，其成功之路无疑会变得更加崎岖、狭窄。

诚然，孩子们的想象，或许在成人眼中显得幼稚或不切实际。然而，我们是否曾反思过，正是瓦特对"蒸汽顶起壶盖"的好奇，催生了蒸汽时代的来临；正是莱特兄弟对"人类如鸟般翱翔天际"的幻想，最终让人类征服了天空。

所以说，父母绝不能轻视甚至扼杀孩子的想象力。因为这样的行为，极有可能阻碍他们迈向更加辉煌的未来。

个性化养育方案

如何保护好孩子的想象力

1. 避免强求孩子遵循标准答案

父母应避免强求孩子遵循所谓的标准答案。每个孩子都是独特的，他们有自己的思考和想象。当我们鼓励孩子自由发挥时，他们的创造力就会得到更好的培养。例如，面对一幅画，我们可以让孩子自由描述他们所看到的，而不是限定他们必须按照某种方式解读。这样，孩子的思维会变得更加开阔，想象力也会更为丰富。

2. 结合孩子的好奇心，提升想象的丰富性

孩子天性好奇，我们可以利用这一点，结合他们的兴趣，为他们提供各种有趣的材料和环境，激发他们的想象力。一个多元化的环境，不仅可以帮助孩子积累更多的经验，还能为他们的想象力提供无尽的源泉。

3. 合理引导孩子的幻想

孩子的幻想是他们的宝贵财富，我们应该珍惜。当孩子沉浸在他们的幻想世界中时，我们可以适当地参与进去，与他们一起分享那份快乐。同时，我们也可以适时地引导他们，帮助孩子区分现实与幻想，使孩子的想象力得到更为健康的发展。

3

成全孩子的英雄心，让他向着目标正向前进

> 每个人心中都蕴藏着一份追求成功的炽热动机。对于孩子而言，他们那股不懈努力的源泉，正源于内心清晰的目标与明确的想法。这份充沛的内在驱动力，如同一股不竭的能量，推动着他们自主前行，无畏探索。
>
> 几乎所有优秀的孩子，都是沿着自己设定的道路，大步前行，最终绽放出耀眼的光芒。

教育研习录

魏涛曾是一位朝气蓬勃、笑容满面的少年。但如今却日益消沉，遇到挑战总是选择逃避。每当被问及原因，他总是抿着小嘴，声音低沉地说："我做什么都失败，何必去丢人现眼呢？"魏涛曾深深着迷于动画片中的孙悟空——那个无所不能、正义凛然的英雄。他常梦想自己也能像孙悟空一样，身怀绝技，"降妖伏魔"。

所以，每当遇到他认为可以展现英雄本色的场合，他总会毫不犹豫地站出来。但这样的行为，却屡次让父母陷入难堪和麻烦之中。他们不得不频频向别人道歉，同时心中也升起一股难以言表的愤怒。

尤其是魏涛的父亲，每次都控制不住情绪，将魏涛拉到一旁严加训斥："你脑子里到底在想些什么？是不是没事干，找麻烦？你给我说清

楚这到底是怎么一回事！"

"我只是想做好事，张明明在欺负人，所以我才去阻止他。"魏涛试图解释。

"那又关你什么事？你把自己当谁了？你以为你冲上去就能教训人了？而且他们两个人本来玩得好好的，你这不捣乱吗？"父亲愤怒地说道。

"我只是想当英雄……"魏涛的声音越来越小。

"英雄？你这样也算英雄？别再给我们惹事就不错了！"父亲的斥责像针一样刺进了魏涛的心里。

从此，魏涛对"英雄"二字避之不及，失去了曾经的自信和活力。

教养的底层逻辑

孩子们常常沉浸于故事中，将自己视为那些英勇无畏的角色，幻想着拥有超凡脱俗的力量，能够披荆斩棘，战无不胜。尽管他们年幼力微，却怀揣着保护身边每一个人的热忱心愿。

这份纯真的初衷诚然值得称道，但孩子们在认知与自控能力上尚有不足，他们的英雄情结有时会给家长带来不少困扰。

这种情况下，父母应当正视一个问题：当孩子因追求英雄梦想而得不到大人的理解，甚至遭遇嘲笑与打击时，他们的内心会逐渐被自卑与失落所侵蚀。长此以往，即便面对力所能及的事情，他们也可能变得瞻前顾后，失去原有的自信与果敢。

父母不应随意击碎孩子们心中的英雄梦想，而应适时地为他们提供实现梦想的机会。在鼓励他们勇敢追梦的同时，也要让他们明白，真正的英雄不仅依靠力量，更需具备智慧与坚忍的精神。唯有如此，孩子方能茁壮成长，最终成为真正的英雄。

个性化养育方案

如何正确滋养孩子的英雄心

1. 通过游戏感悟英雄成就感

父母可以在游戏里扮演反派角色，为孩子创造一个充满想象和挑战的虚拟世界，并随着游戏的深入，适度地增加难度，让孩子在挑战中不断成长和进步。

当孩子最终战胜反派，取得胜利时，他们会感受到前所未有的成就感和自豪感，这种正面的情感体验将激励他们在现实生活中也勇于面对挑战，追求卓越。

2. 阐释英雄的本质内涵

父母可以用生活中的案例，向孩子阐释英雄的真正内涵。比如，可以讲述那些在生活中默默奉献、勇于担当、无私帮助他人的普通人的事迹——他们虽然没有超能力或华丽的外表，但他们的行为却符合英雄的定义。通过这样的故事，父母能够让孩子明白英雄不仅仅是打败坏人的人，更是那些有勇气、有担当、有爱心的人。

3. 确立正确的英雄典范

孩子虽然能够分辨正邪，却难以明白什么是正确的英雄行为。因此，父母需要向孩子介绍真实世界中的英雄，以其事迹教导孩子什么是真正的英雄行为。

真实世界中的英雄包括消防员、医生、警察等职业人士，他们在危急时刻挺身而出，保护人民的生命财产安全。此外，父母还可以介绍那些在社会公益事业中作出贡献的普通人，比如志愿者、慈善家等。这些英雄的事迹不仅令人感动，更能够激发孩子的责任感和使命感。

同时，父母需要持续关注孩子的模仿行为，及时纠正不正确的行为。比如，如果孩子模仿动画片中的暴力行为，父母需要立即制止，并告诉他这样的行为是不对的。

4

在高明陪玩中
正确引导孩子的冒险精神

> 唯有鼓励孩子勇于尝试，他们方能揭开事情的真相；而通过锻炼孩子的勇气，我们可以助力他们成为勇敢的人。每个孩子都蕴藏着无尽的天赋，关键在于，大人们如何发掘和引导。同样地，在培养孩子的冒险精神方面，只要家长愿意给予孩子鼓励和支持，孩子要变得勇敢并不难。

教育研习录

汪雪早年离异，因家庭经济拮据，三个孩子自出生以来，从来没进过游乐园。前些日子，在孩子们的央求下，汪雪狠了狠心，终于带着他们走进了这个新奇的世界。三个孩子兴奋不已。

老大汪云峰迫不及待地想要攀登那座高耸的假山，老二汪琳琳则在草坪上追逐那翩翩起舞的蝴蝶，而老三汪云伟则执意要驾驶那辆威武的"坦克"。他们各自怀着满腔热情，扯着妈妈的衣襟向不同的方向奔去，一时间，汪雪感到手足无措。

"谁大就得听谁的！"妈妈的声音提高了八度，三人瞬间安静了下来。汪琳琳和汪云伟两姐弟虽然有些不甘，但看着大哥得意地向他们做"鬼脸"，嘴里还念叨着"我大"，两个小家伙也只好作罢。

当一家人站在"航天飞机"游乐项目前时，三个孩子的目光都被牢牢吸引住了。他们目不转睛地看着头顶上呼啸而过的"飞机"，眼中闪烁着期待与好奇。然而，当汪雪为他们买好票，准备送他们上"飞机"时，汪琳琳和汪云伟却连连后退，紧紧抓着妈妈，怎么也不肯松手。

最终，还是大哥展现了"勇敢"的一面。他咬牙跺脚，鼓足勇气走上了"飞机"，但条件是妈妈必须陪在他身边。短短的5分钟"飞行"，对他来说却是一场极大的考验。走下"飞机"时，他的额头上已经布满了汗珠，但他依然努力保持着勇敢者的姿态，四处张望寻找着弟弟妹妹的身影。

而在此时，汪琳琳和汪云伟也已经在妈妈的鼓励和陪伴下，壮着胆子走上了旋转滑梯。很快，公园里便回荡起一家人幸福的笑声。

教养的底层逻辑

当孩子对具有潜在危险的事物表现出兴趣时，父母往往会带着恐惧的神情告诫他们："别去，太危险了！"这样的教育方式，会导致孩子长期生活在对未知世界的恐惧之中，从而抑制他们的冒险精神。

在这种教养模式下，一些孩子开始出现明显的依赖性。每当他们面临决策时，会习惯性地寻求成年人的意见。无论身在何处，他们都需要成年人的密切关注和协助，从而逐渐丧失自我意识和自主性。

发展心理学的研究已经证实，给予孩子探险和游玩的机会对他们的成长至关重要。这些经历能够赋予孩子分离的勇气，提供体验自信的平台，培养对危险的敏锐洞察力，并积累宝贵的经验。这些因素共同助力孩子成为更加独立、自信且内心充满安全感的成年人。

实际上，很多时候，锻炼孩子的勇气并不仅仅是对孩子自身的挑战，更是对父母勇气的严峻考验。

个性化养育方案

怎样成为孩子好的玩伴

1. 我们应该陪孩子玩什么

接触风险环境：家长陪同，确保安全，让孩子在诸如溪流、岩洞等风险可控地点附近进行活动，以此提升孩子对环境潜在危险的感知能力。

参与混合性游戏：例如轻度身体接触的玩乐打斗，帮助孩子学习应对攻击行为以及团队协作技巧。

探索与定向：引导孩子学会在未知区域中进行探索并确定方向，提升孩子自主生存的能力。

2. 我们应该怎样陪孩子玩

父母在保护孩子时，应把握适度原则，既不过度干预阻碍其自然成长，也不应完全放任自流。父母应在合理的监护之下，给予孩子适量的冒险和探索机会，这样既能促进他们的能力发展，又能确保他们的安全。这种平衡的教育方式是每位家长应追求的理想状态。

3. 我们应该怎样缓解孩子的恐惧情绪

当孩子对冒险游戏产生恐惧心理时，父母应避免施加压力，而应认同并接纳他们的情绪，给予充分的支持。例如，父母可以说："我看到你在颤抖，这个游戏确实让人害怕。但请放心，我会一直陪在你身边，等你准备好了，我们再一起勇敢面对。"这样的回应既承认了孩子的恐惧感受，又传递出信任和支持，能够给予孩子足够的时间来克服内心的恐惧。

要让孩子明白，勇敢不是简单粗暴

> 鼓励孩子勇敢地面对各种挑战，首要任务是帮助他们明确区分勇敢与鲁莽之间的界限。在教育过程中，要教会孩子在遭遇困境与风险时，学会审慎评估形势，采取既能保护自己又能惠及他人的勇敢行动。这样，孩子方能成长为既勇敢又富有智慧的人。

教育研习录

袁振北的学习表现一直很好，因此在女生群体中有着不小的影响力，素有"酷哥振北"之称。

然而，总有一些喜欢调皮捣蛋的男生就看袁振北不顺眼。他们认为，袁振北故意装出一副冷淡的样子，以此来吸引女生的注意。用"捣蛋鬼"淘淘的话来说，"袁振北那副故作冷傲的姿态，真是让人看不顺眼！"

某天，班里进行大扫除。淘淘和几个男生偷懒的行为恰巧被老师发现。老师严厉地批评他们："你们每次都想方设法偷懒，为什么不能向袁振北学习呢？"说着，老师指向正在专心擦窗户的袁振北，"看看别人是怎么努力做事的，你们却像'小少爷'一样。"听到老师的这番话，淘淘内心十分恼火，为何总要拿自己与这个令人讨厌的袁振北相比？

放学后，淘淘在路上偶遇回家的袁振北，便故意挑衅，与袁振北发生争执。仗着自己的体型优势，淘淘给了袁振北一拳，而袁振北却选择了不还手，淘淘则趁机迅速逃离。

袁振北回到家，眼角的淤青立刻引起了妈妈的注意，她焦急地询问："你的脸怎么了？是不是和人打架了？"

袁振北淡定地回答："没事，只是被淘淘打了一拳。我才懒得理这种人。"

然而，妈妈却显得非常气愤："他打了你，你怎么不还手呢？"

教养的底层逻辑

部分父母将孩子与他人之间的冲突简单地视为竞争意识的展现，并基于此，不断向孩子灌输一种观念：退让只会让自己成为被欺凌的对象，以牙还牙，才能保护自己的利益。这种看似直接且"实用"的教育方式，实则潜藏着巨大的风险，对孩子的成长和未来发展都可能产生深远的负面影响。

在这种逻辑的指导下，孩子可能会形成一种固定的思维模式：面对任何形式的侵犯，都应该以同样的方式回击，甚至不惜一切代价来挽回所谓的"面子"和"利益"。这种思维一旦形成，孩子可能会逐渐变得贪婪且无法容忍任何形式的损失，他们可能会变得狭隘、偏执，难以与人和谐相处，最终可能会被社会所排斥和孤立。

更为糟糕的是，部分孩子可能会误解家长的意思，认为无论自己犯下多大的错误或做出多么过激的行为，都有父母在背后为自己撑腰。这种错误的认知可能会让孩子变得更加肆无忌惮、为所欲为，他们的行为可能会愈发极端和危险，最终可能会走上犯罪的道路。

个性化养育方案

如何防止孩子出现粗暴行为

1. 尽可能减少孩子接触暴力信息的机会

外部环境对孩子行为模式具有显著影响。例如，部分影视作品因内容导向问题，可能会导致孩子产生认知偏差。这些作品可能使孩子对某些暴力行为产生误解，误认为这些行为是合理且安全的。父母应尽量避免孩子过早接触到这些不良信息。

2. 细致观察并适时校正孩子行为

父母应持续关注并仔细观察孩子的行为模式。通过深入观察，我们能够更好地识别出孩子行为中的偏差。一旦发现孩子行为出现偏离，应立即给予指导并协助其进行校正，从而帮助孩子形成正确的行为印象。

3. 为孩子树立冷静行事的典范

父母的行为模式对孩子而言，具有很强的示范效应。若父母在处理问题时能够始终如一地保持冷静和理性，就会对孩子产生积极影响，减少其模仿鲁莽行为的可能性。

4. 让孩子直观体验鲁莽行为的后果

当孩子展现出明显的鲁莽行为时，父母应在可控的范围内，让其直接体验这种行为的后果，明确展示鲁莽行事的潜在危险性及其对他人的可能影响。这种方式相较于单纯的说教，能为孩子提供更为直观的感受。

在孩子听话与不听话之间找到切入点

父母们都希望自己的孩子聪明、乖巧、听话。但现实是,聪明的孩子往往并不太听话,听话的孩子可能看上去又不怎么聪明。老师们对此认知颇深,从个人情感层面来说,尤其是小学和中学阶段,他们自然更喜欢那些乖巧、不给自己增添额外负担的学生。但同时,他们也深知,过度强调顺从性,可能会对孩子的智能发展构成阻碍。

教育研习录

电影《小王子》中,有一幕深深触动了无数父母的心灵。

影片中,母亲为了让女儿能进入心仪的好学校,毅然决定举家搬迁至学校附近的郊区,尽管这导致生活成本大幅增加,但她却毫无怨言。

自女儿年幼起,母亲便为她量身定制了一套详尽的学习计划,将生活的每一分每一秒都安排得满满当当。她严格要求女儿按照设定的时间表行事,就连吃苹果这样的小事也设定了时间限制。

每年的生日,母亲总是精心挑选学习用品作为礼物,却从未真正倾听过女儿内心的渴望与喜好。

起初,女儿对母亲的话言听计从,但随着时间的推移,她开始对这种生活方式产生了深深的厌倦,内心充满了逃离这个家的渴望。

当母亲再次催促女儿要努力学习时，女儿坦诚地告诉她："你很快就会走上爸爸的老路，每天忙于工作，然后慢慢从我的生活中淡出。"

母亲试图激励她："你会成为一个出色的大人。"

然而，女儿却以坚定的语气回应："那只是你希望我过的生活，并不是我真正想要的。"

教养的底层逻辑

孩子绝非父母的附属品，而是具备独立人格、独特性格特征、个人兴趣及梦想的独立个体。若父母实施过度控制，处处设置限制，无疑会阻碍孩子的自由发展，进而逐渐消磨其内心的幸福感。

尽管这样的孩子在短期内可能让父母感觉省心省力，但从长远发展的角度来看，却极为不利。父母无法永远陪伴在孩子身边，孩子终将需要独自面对社会的种种挑战。这些习惯于"顺从"的孩子在进入社会后，由于长期形成的顺从心理，往往无法自主决定，容易被他人左右，轻信他人，进而给自己的人生造成极大的伤害与困扰。

个性化养育方案

父母应该怎样对待"服从性"

1. 避免让孩子陷入被动服从的状态

被动服从是指，孩子在没有充分理解状况或原因的情况下，仅仅因为父母提出"好孩子要听话"的期望，就盲目执行父母的指令。这种状态下，孩子缺乏自主思考和判断，只是机械地遵从父母的意愿。

与被动服从不同，主动配合是建立在父母与孩子充分沟通、孩子理解并认同相关道理的基础上。父母会向孩子解释某个行为或决策的原因，引导孩子从内心自发地产生行动的动力。

2. 引导孩子通过亲身体验来感悟和改正错误

孩子在成长过程中难免会犯错，很多时候他们并不清楚自己的行为有何不妥。因此，父母需要及时指出孩子的错误，并引导他们通过亲身体验来感受错误行为带来的后果。

例如，如果孩子不愿意分享食物给小伙伴，父母可以通过角色扮演的方式，让孩子体验被拒绝和排斥的感受，从而促使孩子主动纠正自己的行为。

3. 抓大放小，就事论事

孩子不可能完全不犯错误，父母应调整好心态，不要对孩子的任何错误都上纲上线。我们应该把主要的教育精力放在培养孩子的人生观、价值观、学习能力和习惯上，科学规划孩子的未来人生。

孩子犯错时，应只针对当前问题进行沟通、探讨与引导，不要无限延伸，反复翻旧账，否则，只会激起孩子的逆反心理。

厌学型儿童：

递进式学习法，简单快速培养学习兴趣

探究厌学原因
——你是不是错怪了孩子

> 孩子对学习的"厌恶",就如同对烟味的反感、对劳累的抵触以及对坏人的排斥一样,它并不是一个人品质上的瑕疵,而是人性的本能反应。简而言之,厌学并非品质问题,而是一种再正常不过的人性反应。

教育研习录

前北大精神科医生徐凯文曾在一次讲座中深情而沉重地分享过一个令人深思且痛心的案例。

故事的主角是一个来自优渥家庭的孩子,他的父母都是成功企业家。孩子自小便被寄予厚望,后来就读于当地一所声誉卓著的国际高中。这所学校以其严格的教育管理和卓越的学术成绩而闻名。孩子自踏入校园的那一刻起,便展现出了异于常人的刻苦与努力。他的学习时间不断被延长,从最初的午夜十二点,到凌晨一点,再到难以想象的凌晨两点……每当夜深人静之时,总能看到他房间的灯还亮着。

然而,随着时间的推移,这种高强度、无休止的学习生活逐渐在孩子心中埋下了厌学的种子。他的眼神中开始流露出疲惫与无奈,笑容也渐渐变少。遗憾的是,他的父母却未能及时察觉到孩子内心的变化。他们依然执着于追求孩子的高分与名校光环,仿佛只有这些才能证明他们教育方式的成功。

终于,这份忽视孩子心理健康、过分看重学业成绩的态度,使孩子患上了严重的抑郁症。徐医生对孩子进行了细致入微的心理诊疗后,建议孩子立即住院治疗,以期能够尽快恢复健康。

然而,仅仅过了两天,孩子的父母为他办理了出院手续。当徐医生询问原因时,孩子的父母竟回答说:"马上就要期末考试了,孩子必须保持第一名的成绩,否则他将失去一切——我们的期望、他的未来,甚至是我们的面子。"

两个星期后,一个焦急而颤抖的电话打破了徐医生的平静。那是孩子的母亲,她带着哭腔告诉徐医生,孩子离家出走了,如同人间蒸发一般,无人知晓他的去向。

教养的底层逻辑

厌恶,与喜怒哀乐等情感一样,是人类在婴儿期即具备的一种原始本能。就像老鼠因其传播疾病和其生活环境而遭人厌恶,猛兽则因其潜在的危险性而令人避之不及一样,孩子厌学,一定有其深层次的原因。

当孩子表现出对学习的厌恶时,我们应深入剖析其背后的原因——究竟是哪些因素让孩子将学习视为一种威胁,从而丧失了安全感;而不应一味地指责孩子缺乏上进心或不懂事。

孩子厌学的主要心理原因

序号	观点/问题	描述/分析
1	努力与回报不平衡	孩子学习虽努力,但进步不明显,可能因缺乏有效学习方法和内在驱动力。电子游戏因能提供即时反馈,成为逃避现实之地。孩子常因"你很聪明但不努力"等评价而担忧,若努力后成绩仍不佳,会证明自己不够聪明

续表

序号	观点/问题	描述/分析
2	过度关注学习结果，忽视进步	当孩子分享进步时，家长若只关注与目标之间的差距，会打击孩子积极性，甚至导致其放弃学习
3	"短板理论"的盛行	家长和老师常关注孩子弱项，忽视其擅长领域的成就。每个人都有优劣势，强迫补齐短板不明智。要开明地看待孩子发展，鼓励其在擅长领域发挥，或能让他们享受学习过程，取得更好的发展成果

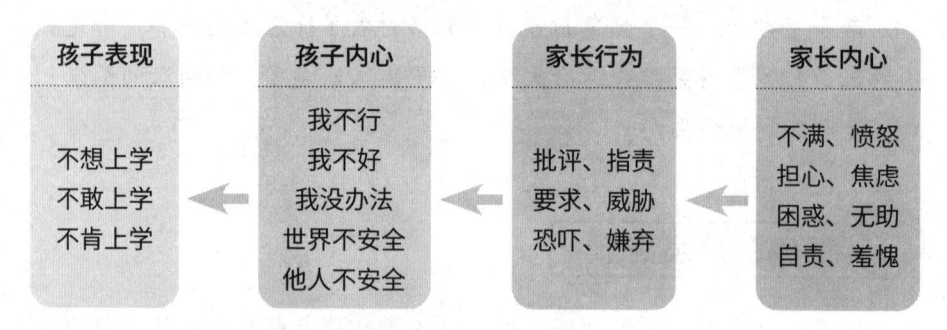

孩子表现	孩子内心	家长行为	家长内心
不想上学 不敢上学 不肯上学	我不行 我不好 我没办法 世界不安全 他人不安全	批评、指责 要求、威胁 恐吓、嫌弃	不满、愤怒 担心、焦虑 困惑、无助 自责、羞愧

孩子不上学的原因

个性化养育方案

家校互动，弱化厌学心理

1. 深化亲子沟通，精准剖析厌学根源

孩子产生厌学情绪的原因错综复杂，可能源自师生关系的紧张、学业上的挑战、同伴间的不良互动，或是个人心理层面的脆弱。一旦发现孩子出现厌学迹象，父母需保持冷静与理智，以平和的心态启动深度对话机制。通过细致入微的交流，我们能够更精确地洞察厌学现象背后的深层次原因，进而设计出更具针对性的干预策略。

2. 积极构建家校桥梁，全面把握孩子动态

父母应主动与教师建立常态化的沟通渠道，定期交换意见。通过教师的专业反馈，父母能够获取孩子在学习进展、社交互动、心理状态等多维度的全面信息，为实施更加精准有效的家庭教育策略提供坚实的数据支撑和理论依据。

3. 实施精准鼓励，传递真挚认可

泛泛的表扬往往缺乏深度，难以触及孩子的心灵深处。父母在给予孩子鼓励时，应注重具体化与真诚性，精准捕捉并肯定他们的每一次努力与成就。

例如，当孩子取得优异成绩时，父母不妨深入了解其备考过程与考试细节，针对其解题思路、答题技巧乃至卷面整洁度等方面，给予积极而具体的评价。这种精准而真挚的鼓励，能够让孩子深切感受到来自父母的关注与认可，从而激发出持续向上的动力与信心。

反思家庭功能，
统治只会导致无望循环

> 父母若以过于深沉的爱束缚孩子，往往会适得其反。
>
> 我们应当为自己和孩子开辟一条道路，以一种温和而亲切的方式，去调和那份或许极端、或许沉重的爱。成熟的父母，懂得建立明确的界限感，给予孩子恰当的爱，让孩子在自由的空间中茁壮成长。

教育研习录

这是一个典型的中产阶级家庭。父亲是一位收入丰厚的律师，凭借着敏锐的法律触觉和出色的辩护技巧，在业界颇有名气。母亲则是一位温婉可人的全职太太，她全心全意地照顾着家庭的每一个细节。

这个家庭还有一对活泼可爱的子女。15岁的大女儿正值青春期，她有着自己的想法和追求，但遗憾的是，她对学习产生了极强的抵抗情绪。每当父母试图引导她走向"正轨"，她都会表现得极为叛逆，甚至以离家出走相威胁。每当发生这种情况，父母都会感到无比焦虑和无助。他们试图将女儿关在家里，但这样的做法只会让女儿更加歇斯底里，甚至伤害自己。

这样的家庭困境让夫妻俩深感无奈与痛苦。他们不明白为何曾经乖巧听话的女儿会变成如今这般模样。为了寻找答案，他们决定寻求心理医生的帮助。心理医生在听取了夫妻俩的详细描述后，开始了一段细致入微的探究过程。

经过心理医生的一番"抽丝剥茧"，问题的根源终于浮出水面。原来，大女儿产生厌学叛逆情绪，是夫妻俩关系不睦的外在表现。在女儿"不好好学习"的时候，夫妻俩才会有共同的话题和关注点，能够"一致对外"地讨论和解决问题。而在其他时候，家庭生活往往显得过于平静，缺乏必要的沟通和交流。

这个发现让夫妻俩深感震惊和愧疚。他们意识到，自己在原生家庭中受到过的伤害，竟然在不知不觉中影响到了新家庭的氛围和子女的成长。原来，他们在各自的原生家庭中，都曾经历过父母或控制、或苛刻的养育方式。这些经历在他们心中留下了深刻的烙印，导致他们在组建新家庭后，不自觉地将这些不良的模式复制到了子女身上。

教养的底层逻辑

世间的不幸，多源于彼此间的过度在意，不论这种在意是善意还是恶意，都可能带来不良的后果。当这种在意与期望被强制性地加诸于对方时，爱就变成了束缚———一座囚禁双方的牢笼。在这里，一方变成了冷酷的看守，而另一方则成了无助的囚犯。随着时间的流逝，双方的心灵都被深深地"封禁"，看守者无法触及囚犯的内心，而囚犯也难以得到解脱。

那些在童年受到严格控制的孩子，成年后可能也会对自己的孩子施加同样的控制。他们试图通过这种方式来疗愈自己，但却适得其反。

作为父母，打破这种不幸的循环是其不可推卸的责任，必须避免对孩子施加不必要的束缚。

个性化养育方案

我们更需要教给孩子什么

1. 转型教育焦点：从分数导向至人格培育

当前，部分家长仍持有"学习至上，分数为王"的片面观念，日常与子女的交流多局限于习题解答与分数讨论。针对这一现象，中国教育学会副会长唐江澎先生深刻指出：虽然分数是高考的门槛，但仅凭分数却难以赢下人生的考验。他强调，在孩子成长的后半程，决定其差异的关键，并不是智商或分数，而是兴趣的培养、习惯的塑造、心态的调适等综合素质，这些才是孩子未来竞争力的核心要素。

2. 转变教育理念：从精英追求至精神磨砺

相较于教导孩子如何取胜，父母更应该教会他们如何坦然面对失败。人生旅途，既有晴空万里，亦有风雨交加。真正的强大，不在于未曾遭遇挫折，而在于即便风急雨骤，也能坚韧不拔，将过往的伤痕转化为个人独特的荣耀。这是父母必须教给孩子的人生课题。

3. 重塑教育价值：从功利取向至"成人"教育

长期以来，我们过度强调成功的重要性，却忽视了"成人"教育的基础性。事实上，一个孩子若缺乏良好的品德修养，即便才华横溢，也难以获得他人的尊重与信任。从长远来看，人品是决定个人命运的关键因素。优异的成绩若伴随品行不端，则难以担当重任；卓越的能力若缺乏为人处世之道，亦难持久发展。因此，父母应及早向孩子传达这样的观念：才华固然重要，但利他精神、诚实守信等品德才是根本。

先复盘再归因，
解决孩子偏科难题

不得不承认，偏科现象犹如一道亟待跨越的鸿沟，成为教育领域中一个严峻的挑战。高考与工作，二者之间横亘着截然不同的评判标尺：高考，更像是一场对全面发展的深度检阅，它强调的是木桶效应，对"短板"的弥补尤为关键。故而面对孩子偏科的现状，家长们切勿将其视为无足轻重的细枝末节而轻轻掠过。这不仅是孩子知识体系中一个不容忽视的缺口，更是他们未来道路上可能遭遇的"绊脚石"。

教育研习录

张伊凡平日里懂事守规，在大多数课程上都展现出了不俗的实力。然而，唯独在数学这一科目上，她的表现却总是不尽如人意。每当考试成绩公布时，她的成绩单上总是带着些许遗憾，数学成绩总是拖后腿，有时甚至还会出现不及格的情况。

为了帮助女儿攻克这个难关，父母在假期为她报了一个数学补习班。然而，他们发现张伊凡的数学成绩并未有所提升，这让他们感到十分沮丧和困惑。

于是，张伊凡的父母决定亲自去学校与她的数学老师沟通。在交流中，他们得知了一个令人意外的信息：张伊凡在数学课上经常阅读其他科目的书籍，对老师的教学似乎抱有某种偏见。当老师在课堂上多次提醒她后，她才有所收敛。

为了深入了解女儿的这种行为背后的原因，妈妈回家后与张伊凡进行了一次深入的谈话。张伊凡坦言，她对数学老师的反感源于一次在课堂上的公开训斥。那次经历让她感到自尊心受挫，从而对数学课程产生了抵触情绪。

了解到问题的症结所在，父母决定邀请数学老师到家中做客。希望在和谐的氛围下，为女儿解开这个心结。在交谈中，老师诚恳地向张伊凡表达了歉意，并解释了她的初衷只是希望张伊凡能更专注于数学学习。她坦言自己当时的教育方式确有不当之处，希望能得到张伊凡的谅解。

面对老师的诚恳道歉和解释，张伊凡感到既惊讶又感动。她意识到自己的偏见和抵触情绪对学习产生了负面影响，也理解了老师的良苦用心。从那以后，她开始在数学课上认真听讲，不再搞小动作，数学成绩也随之有了显著的提升。

教养的底层逻辑

偏科现象对孩子整体学业会产生显著影响，进而影响到他们未来的升学机会。

解决这个问题，父母需要协助孩子深入剖析他们在各科目上的具体优势和劣势。这种分析不应仅仅基于考试成绩，而应全面客观，以便制订出具有针对性的指导策略。例如，若孩子在英语科目上基础扎实，却在考试中因时间管理不当或语法理解不足而失分，那么家长应审视孩子当前的学习方法是否适应现阶段的学习需求，并及时作出调整。

此外，有些孩子偏科的原因，可能源于对课程设置的目的和意义缺乏理解。在这种情况下，父母有责任向孩子阐释每门课程的重要性和实用性，激发他们的学习兴趣，帮助他们建立信心，并引导他们以更端正的态度对待学习。

个性化养育方案

如何辅助孩子解决偏科问题

1. 协助孩子克服学习障碍

在孩子的学习过程中，遇到难题和挑战在所难免。父母应积极介入，提供助力，并与老师保持紧密沟通，共同制订补习计划，解决问题。

2. 帮助孩子梳理薄弱环节

考试后，父母应引导孩子养成及时分析试卷的良好习惯。针对那些在考试中耗费时间过长、犹豫不决或出错的题目，进行深入细致的分析，以准确识别问题所在——究竟是因为公式掌握不牢、语法理解不透，还是对古诗词的领悟不够深入……在明确问题根源的基础上，帮助孩子制订针对性的补充学习计划。

3. 引导孩子合理分配学习时间与精力

在充分了解孩子的学习"短板"后，父母应指导孩子科学规划学习时间，确保在薄弱科目上投入更多的时间和精力。通过制订合理的学习计划，并督促孩子认真执行，从而有效提高这些科目的学习成绩。

4

不要只看到成绩下滑，要明白为什么成绩下滑

> 强制学习往往会让厌学的孩子更加反感和敌视学习，这种做法不仅无助于孩子提升学习成绩，甚至可能加剧他们对学习的抵触情绪。明智的父母会努力走进孩子的内心世界，巧妙引导与激励，逐步激发孩子对学习的兴趣和热情。

教育研习录

每当考试成绩公布时，刘文就十分失落，虽然自己比同桌还要努力，可同桌似乎总能轻而易举地夺得第一名，而自己却只能停留在全班中游的位置。这种落差让他感到十分困惑和沮丧。

一天，他迷茫地询问母亲："妈妈，我是不是很笨？明明比同桌更努力，可为什么成绩总是不如他？"

母亲深知，同桌的优异成绩给了刘文不小的压力，但她一时之间不知如何回答儿子的问题。

又一次考试结束，刘文的成绩虽然有所进步，可他的同桌依旧稳居第一名。刘文再次向母亲表达困惑。母亲不愿搪塞儿子，因为她知道刘文一直都很努力。然而，刘文的情绪却越来越低落，学习时分心，甚至开始逃课。看着儿子厌学情绪加重，母亲觉得自己应该做点什么了。

周末，母亲带着刘文去海边散心。母子俩坐在沙滩上，周围是一群争食的水鸟。每当海浪涌来，小水鸟总能轻盈地起飞；相比之下，海鸥则显得笨拙许多，它们需要更长时间才能从沙滩飞上天空。然而，母亲告诉刘文："真正能够跨越广袤海洋的，正是这些看似笨拙的海鸥。同理，真正能够取得成就的人，并非都是天赋异禀的佼佼者；那些不懈努力的人，即便天赋平平，也终将会赢得成功。"

自此以后，刘文不再因为与同桌的差距而感到沮丧。他的努力得到了应有的回报，最终以优异的成绩考入了理想的大学。

教养的底层逻辑

孩子成绩不理想，也许并不是他们不够努力。父母最不应该的做法，就是拿着孩子的成绩单，不由分说，横加指责。

在持续的责备声中，孩子很容易形成自我否定心理，认为自己没有学习的天赋，从而陷入恶性循环：学习每况愈下——对学习的厌恶感日益增强……

正确的做法是，深入探究孩子厌学的根源，采用温和诱导的方式，通过宽慰与鼓励，帮助孩子克服心理障碍，逐步走出困境，重拾对学习的热情与信心。

个性化养育方案

如何使成绩差的孩子重燃学习斗志

1. 利用小成就构建孩子的自信心

儿童心理学研究显示，针对因学习成绩不佳而产生厌学情绪的儿童，定期设计一系列难度适中的学习任务，并在他们成功完成后立即给予正面的反馈，是一种有效的激励策略。该策略能够显著促进儿童自信心的建立，进而有效改善其厌学情绪，使儿童愿意更加积极地面对学习挑战。

2. 帮助孩子找到并弥补"短板"

对于学习成绩不理想的孩子，父母应当在考试后指导孩子总结经验教训，知道自己在什么地方容易失分，为什么会失分，帮助他们找到"短板"，并制订有针对性的学习计划来进行训练。父母从旁监督并指导，协助孩子高效推进学习计划，但不宜唠叨，或反复提及孩子糟糕的成绩，避免造成逆反心理。

3. 借助榜样效应促进孩子学习态度的转变

鼓励孩子与学习成绩好的同学建立友谊。孩子在日常交往中，可以通过交流与学习，潜移默化接受更好的学习方法和学习思维。在长期的互动中，孩子将自然而然地受到积极影响，并逐渐转变其厌学态度。若这位榜样恰好是孩子所敬佩或欣赏的，那么他对孩子产生的正面影响将更加显著。

5 调动主观能动性，从"要我学"到"我要学"

> 许多孩子之所以成绩越优秀反而越勤奋、越热爱学习，是因为学习能够为他们带来实实在在的收获与满满的成就感。当孩子的价值感和成就感日益增强时，他们的自我内驱力也会随之变得更加强劲有力。

教育研习录

一位小朋友与爸爸一同前往叔叔家做客。刚进门，这位小朋友的目光就被客厅里那架钢琴深深吸引。黑白交错的琴键仿佛在诉说着无尽的音乐故事，激发了他对钢琴的浓厚兴趣。他兴奋地请求爸爸让他学习弹钢琴。

然而，鉴于儿子在过去学习画画时表现出的耐性不足，爸爸并没有立即答应他的请求，而是巧妙地安排了一系列"实地考察"。他们频繁地拜访那些正在学习钢琴的孩子，让儿子近距离地观察、聆听练琴过程中的点点滴滴。每当看到其他小朋友在琴键上辛勤耕耘，即使面对枯燥、重复的练习也不轻言放弃，儿子的心中渐渐萌生了对练琴所需耐性与坚持的认识。

此外，爸爸还利用睡前时间，向儿子讲述了一些名人持之以恒、最终取得辉煌成就的真实故事，从贝多芬在失聪的困境中仍坚持创作，到郎朗从小刻苦练习，最终成为世界级的钢琴大师。爸爸语重心长地告诉儿子："如果想要像那些伟大的钢琴家一样，弹奏出优美动听的旋律，就必须准备好付出相应的努力与牺牲。"

在认真考虑之后，儿子仍然坚持学习钢琴的想法。为了确保儿子不会半途而废，每节钢琴课，爸爸都风雨无阻地陪伴在侧，不仅在一旁给予鼓励，还在遇到难度较高的曲目时，亲自上阵与儿子一同练习，甚至展开友好的"竞赛"，看谁先能熟练掌握。这种寓教于乐的方式，极大地激发了儿子的学习热情。

在学习的过程中，爸爸还巧妙地设计了一系列互动环节。比如，在练习四手联弹时，他们会比赛谁的音阶更准、节奏更稳，谁的手型更加优雅；在学习歌曲弹奏时，爸爸则鼓励儿子自弹自唱，每次表演后都会认真地为他打分，并附上鼓励的话语，让其仿佛置身于小小的音乐会现场，享受着作为"小小演奏家"的荣耀与满足。

正是这份来自爸爸的陪伴与支持，让儿子对学习钢琴的热情始终不减，每周的钢琴课成了他最期待的事情。他总是迫不及待地想要向老师展示自己的进步，而老师也不止一次地夸赞他是所有学生中对钢琴最感兴趣、作业完成得最认真、最能坚持不懈的那一个。

教养的底层逻辑

父母若想让孩子由衷地喜欢学习、沉浸于学习的乐趣之中，关键在于激发孩子内心的学习驱动力。单纯依赖指责、恐吓、无休止地唠叨或是强硬地讲道理、施加压力，非但不能达到预期效果，反而会让孩子将学习视为一种痛苦的负担。于是越痛苦越逃避，最后孩子甚至会彻底放弃学习。

明智的做法是，与孩子携手探索出最适合其个性特点与学习习惯的方法，帮助他们学会学习。当孩子学会学习以后，当他们不断取得进步，体验到成就感，并意识到自己的价值所在时，他们就会自然而然地萌生出想要继续学习的强烈愿望。

个性化养育方案

如何使孩子在学习中产生价值感和成就感

1. 构建孩子的自我效能感

这是一个需要耐心和时间的过程。父母需要重点着力的内容包括：鼓励孩子尝试新事物，设立具体且可实现的小目标并引导孩子逐步达成，以及在孩子努力与进步的过程中给予充分的认可。这种引导可以使孩子在微小进步中体验到成功的快感，无论进步大还是小，都是对其自信心的不断唤醒，非常有助于孩子形成积极的自我认知。

2. 探索个性化学习策略

每个孩子的学习偏好、注意力集中度以及信息处理方式都各不相同。因此，父母需通过观察与沟通，引导孩子尝试多样化的学习方法，如记忆宫殿、思维导图、互动式学习软件等，直至找到最适合孩子的学习模式。

3. 强化学习的价值感与成就感

父母应与孩子深入探讨学习的长远意义，如知识在解决问题、促进个人成长及为社会作贡献方面的作用。更重要的是，父母需在日常生活中创造实践机会，让孩子将所学到的知识应用于科学实验、社区服务或家庭项目中，亲身体验学习的实用性与乐趣。

寓学于乐，
让孩子把学习当成好玩的事情

在缺乏兴趣的情况下，被迫进行的学习往往会抑制孩子对知识探寻的热情。当孩子产生厌学情绪时，他们会觉得学习是老师与父母对自己的一种惩罚。换而言之，想改变厌学的状况，父母需要根据孩子的个性特点，顺着他们的兴趣慢慢引导，让孩子将学习视为一种乐趣，从而自发地去探索、去享受学习的过程。

教育研习录

书本上的文字和数字对于邢文启而言，只是毫无生气的符号，无法激发他内心的一丝波澜。学校于他而言，更像是一个需要偶尔"逃离"的笼子，旷课、逃学成了他反抗这种无趣生活的方式。家长和老师的严厉责备或是认真劝导，都如同石沉大海，对于他来说，根本就是耳旁风。

然而，一个假日午后，当邢文启独自一人在家中的院子里漫无目的地游荡时，一个偶然的发现悄然改变了他的想法。他从堆满旧物的杂物箱中翻出了两块被遗忘的磁铁。这两块小小的磁铁仿佛拥有魔力一般，瞬间吸引了他的全部注意力。他先是小心翼翼地将其中一块轻轻放在地上，另一块则被他紧紧握在手中。只见地上的磁铁仿佛被赋予了生命，时而被手中的磁铁推动着缓缓前行，时而又紧紧吸附在一起。这一幕让邢文启的眼中闪烁着惊奇与不解。

正当他沉浸在自己的小小探索中时，父亲的身影悄然出现在他的身旁。父亲轻声问道："小启，你知道磁铁这奇妙的吸引力背后隐藏的秘密吗？"邢文启闻言，不屑地撇了撇嘴，却又不由自主地透露出几分好奇："不就是一块推一块，一块吸一块嘛，有什么大不了的。"父亲闻言，嘴角勾起一抹笑意，耐心解释道："其实啊，磁铁分为正极和负极，它们遵循着'同极相斥，异极相吸'的自然法则。更神奇的是，利用这个原理，我们还能发明出机器来发电呢！"

邢文启闻言，眼中闪过一丝惊喜与疑惑："真的吗？那我这块磁铁是正极还是负极呢？为什么同极会相斥，异极却要吸在一起呢？"面对儿子连珠炮似的问题，父亲没有丝毫的不耐烦，反而耐心地为他一一解答，并亲自陪他做起了一系列有趣的实验。从磁铁的吸引、排斥，到电流的产生，每一个实验都让邢文启目不暇接，兴奋不已。

当邢文启终于明白这一切都是物理学中的奥秘时，他仿佛打开了一扇通往新世界的大门，看到了知识的力量。那一刻，他激动地对父亲说："爸爸，我以后要做个物理学家，去探索更多这样的神奇现象！"

从那天起，邢文启仿佛变了一个人似的。他开始主动要求父母给他买科普书籍，积极参加学校的科学兴趣小组，甚至开始认真听讲，努力学习。因为他知道，只有成绩好，将来才有可能成为物理学家。

教养的底层逻辑

每个孩子内心深处都蕴藏着成为发现者、研究者与探索者的渴望，他们希望自己能超越同龄人，掌握更多未知，并在此过程中体验那份独一无二的自豪感——"我所知道的，他们并不知道"。如果父母能够妥善引导，使孩子明白，这一切神奇均源自知识的力量时，便能有效激发孩子强烈的求知欲望。特别是当孩子通过自主探索与研究，亲手揭开某个谜底或获得某项成果时，他们对知识的掌控感与成就感将愈发显著。

这个过程中，父母的陪伴与引导至关重要。

个性化养育方案

利用日常游戏激发孩子学习兴趣

1. 陪孩子玩融入智力开发的游戏

在考试前夕,父母可以引导孩子进行一些有趣的猜测,例如,"你认为明天的考试可能会出现哪些题目?"这种猜测不仅能激发孩子的复习兴趣,还可能促使他们扩大复习范围,提高复习效率。同时,讨论猜测结果的准确性本身也是一种有效的复习方式。

另外,父母还可以通过填空游戏、成语接龙等形式,让孩子在玩乐中掌握知识点;或者将学习内容转化为谜语,鼓励孩子猜测,当孩子猜对时,应给予适当的奖励。

2. 陪孩子玩找错游戏

找错游戏不仅深受成人喜爱,孩子们也同样热衷。家长可以充分利用孩子的好奇心,设计找错游戏,在不知不觉中提升孩子的学习兴趣。例如,在做习题集时,父母可以故意设置一些错误答案,当孩子发现这些错误时,他们会感到兴奋并产生成就感。这种找错的热情可以刺激孩子反复阅读习题集,甚至主动寻找更多的习题集进行练习。

3. 陪孩子玩竞争游戏

人类天生就有竞争心理。基于这种心理特征,父母可以引导孩子与自己进行竞争游戏。比如,父母可以与孩子一起做习题,各自记录自己在半小时内完成的题目数量,比一比谁更厉害,或者鼓励孩子不断挑战父母的纪录。一旦孩子挑战成功,应及时给予表扬与适当奖励。

这种竞争机制,可以有效激发孩子的学习热情,提高其学习效率。

社恐型儿童：

脱敏疗愈，
帮助孩子克服交际难题

注意！千万别忽视孩子人际关系敏感期

> 在孩子的人际关系敏感期，我们应如春风化雨般轻轻唤醒他们对友谊的好奇与向往，鼓励孩子勇敢地迈出步伐，去寻找那些与自己心灵相通、志趣相投，能相互倾听、给予相互支持的伙伴。就这样，孩子们自然而然地在彼此间搭建起纯真美好的友谊桥梁。在这段并肩前行的路上，他们会慢慢积累起社交智慧，情感认知也会日益深刻。

教育研习录

每天出门前，江悠悠总会小心翼翼地从家里的小储物箱里挑选出一些自己最喜欢的零食和玩具，装进小书包里，期待着到幼儿园后与小伙伴们分享这份快乐。

到了幼儿园，江悠悠就像一只快乐的小鸟，兴奋地穿梭在教室和小操场之间。每当看到其他小朋友，她的眼睛就会闪烁着光芒，大方地掏出自己的零食和玩具，微笑着说："这是我带来的，我们一起吃吧！还有玩具，不过，你得和我一起玩哦！"小朋友们往往被她的热情和慷慨所吸引，纷纷答应她的要求，于是江悠悠就会开心地笑着说："随便拿吧！"不一会儿，她的零食就像变魔术一样，被小伙伴们"瓜分"得一干二净。这时，江悠悠的脸上洋溢着满足和幸福的笑容，与小伙伴们嬉戏追逐，享受着童年的欢乐时光。

然而，有时江悠悠也会带着一丝失落和困惑，回到家对妈妈说："妈妈，今天没有人和我玩。"她的眼神中充满了不解和期待，仿佛在寻找一个答案。江悠悠还会向妈妈表达自己对交往的看法："妈妈，为什么小朋友们有时候和我玩，有时候又不和我玩呢？我给他们零食和玩具，他们还是会离开我，零食都不能让他们一直和我玩。"

听到女儿的话，妈妈温柔地抚摸着她的头发，希望能够向孩子传递一些支持和安慰。妈妈知道，孩子的世界简单而又复杂，她需要时间去学会如何与人相处，如何建立真正的友谊。于是，妈妈耐心地对江悠悠说道："宝贝，友谊是建立在互相尊重和理解的基础上的。分享零食和玩具是很好，但更重要的是要学会倾听、关心和帮助别人。这样，小朋友们才会愿意和你成为好朋友。"

江悠悠似懂非懂地点点头，眼中闪烁着新的希望。她决定在以后的日子里，不仅要分享自己的东西，还要学会关心和理解别人，希望这样能让自己找到真正的朋友。

教养的底层逻辑

孩子三四岁以后，其社交技能与自我意识会发生显著变化，在这个阶段，他们正式迈入人际交往的敏感期。此时，孩子们会展现出强烈的交友意愿。同时，他们也会面对诸多社交挑战，并产生极大的困惑。譬如，部分儿童可能会出现胆怯、羞涩的性格特质，导致他们对社交采取回避态度；还有一些孩子可能会主动疏离群体，偏爱独处；也有一些孩子会变得霸道、易怒，因而遭到同龄人的排斥；等等。

在这个阶段，父母应主动增加亲子对话的次数，通过耐心引导和正面示范，帮助孩子逐步掌握并提升社交技巧，教会孩子如何交朋友。

个性化养育方案

如何引导孩子健康度过人际关系敏感期

1. 引导孩子构建平等的友情纽带

在孩子尝试探索友谊以后，父母应成为他们信赖的向导，引导孩子树立平等相待的友谊观念。教育孩子要远离怨恨、猜疑与敌意，坚决制止任何无故欺凌弱小的行为，确保孩子在友谊平等与尊重的基础上逐步拓展。

2. 对孩子的社交行为给予正面回应

当孩子欣喜地向你分享交友趣事时，应真诚地向孩子表达自己内心的喜悦。鼓励孩子与朋友分享自己的物品或喜悦。此外，不妨在恰当的时刻，邀请孩子的朋友来到家中，这不仅是对孩子社交成果的认可，更是对他们小小社交圈的温馨支持。

3. 积极助力孩子开阔社交视野

如果孩子存在社交退避，父母应主动伸出援手，为他们搭建与邻里孩童或亲友子女的友谊桥梁。当孩子的朋友来家中做客时，父母应带着笑容，向孩子以及孩子的朋友传递欢迎态度。同时，鼓励孩子承担起小主人的职责，热情款待每一位来访的朋友。父母的这份热忱与支持，将使孩子在未来的社交中越发从容自信。

孩子社交退缩，问题到底出在哪里

> 不要以为孩子不爱交友，单纯是因为性格内向。事实上，即使是内向的人，内心也渴望身边有二三个朋友。如果孩子一味地逃避社交，一定存在某种深层次的原因，父母应尽早予以重视，避免某种问题成为孩子的社交噩梦。

教育研习录

陈思思生活在一个经济条件十分优渥的家庭环境中。她的父母和爷爷奶奶对她宠爱有加，几乎将她生活照顾得无微不至。在这个充满爱的家庭里，陈思思从未经历过风雨，家人们生怕她受到一丝一毫的委屈和伤害。他们从不轻易让陈思思单独出门，总是将她紧紧保护在自己的羽翼之下。

每当陈思思对外面的世界表露出好奇与向往时，家人们便会用一种既温柔又略带恐吓的语气告诉她，外面的世界充满了未知与危险，有像大灰狼一样狡猾而凶恶的坏人。这些话语像是一道无形的枷锁，紧紧束缚住陈思思探索世界的脚步。

在这样的环境下成长，陈思思逐渐养成了胆小退缩的性格。她不敢独自上街，即使已经六岁了，也不敢主动与其他大人或孩子交往。每当看到其他小朋友在公园里自由自在地玩耍，陈思思总是远远地望着，心中充满了美慕与渴望，却又因为内心的恐惧而不敢迈出那一步。甚至，连去动物园这样充满乐趣与知识的地方，陈思思都会感到害怕。她担心那些被关在笼子里的动物，尤其是大灰狼，会突然冲破束缚，跑出来伤害她。这种无端的恐惧像是一张巨大的网，将陈思思牢牢困住，让她无法享受童年的快乐与自由。

久而久之，陈思思变得越来越依赖父母和爷爷奶奶。无论是生活上的小事还是面对困难时的选择，她都会习惯性地找大人帮忙。

教养的底层逻辑

社交退缩对孩子的成长会产生诸多方面的负面影响。譬如，使孩子无法结交到新朋友，无法顺畅与人进行沟通，无法正常参加集体活动等，从而导致他们给别人留下不热情、不友善、不大方的印象，使孩子的真实能力与价值无法得到客观、正确的评估。

这样的状况，对于孩子而言，简直是无法承受之重。于是，社交退缩的并发现象随之出现，比如，有些孩子可能会因为焦虑展现出强烈的攻击性，或者是为了吸引别人的注意过度活跃，等等。最终，这些行为都会导致孩子成为社交弱势群体，将面临被忽视、被排斥，甚至是被欺负的境地。

个性化养育方案

针对性疗愈社交退缩症

1. 性格内向、自卑的孩子

此类儿童，需要父母引导他们参与团队活动，鼓励孩子与他人合作，逐渐克服内向和自卑心理。如有必要，可寻求心理医生的帮助，为孩子进行专业的心理辅导和社交技能培训。

2. 被同学排挤的孩子

如果发生这种情况，父母应鼓励孩子勇敢说出自己的感受，了解他们的遭遇，并及时给予安慰和支持；同时，与学校老师和校方积极沟通，共同寻找解决问题的办法，帮助其改善与同学的关系。

3.缺乏社交技能的孩子

引导此类孩子，父母可以通过角色扮演等游戏，让孩子学习如何与人沟通，如何正确表达自己的想法；同时，鼓励孩子积极参加各种社交活动，如家庭聚会、社区活动等，在实践中提升他们的社交技能。

4.缺乏社交经验的孩子

此类孩子，父母应引导孩子从简单的社交场景开始，如与家人、朋友打招呼、聊天等，逐渐扩展到更加复杂的社交场合；同时，为孩子创造更多的社交机会，如邀请同学来家里玩、参加夏令营活动等，让他们在实践中学习和积累社交经验。

3
怕生没有问题，但不要让它成为孩子的问题

> 怕生，你在任何一个孩子身上都会看到这种现象。怕生是人类的固有个性之一，在正常情况下，没有必要过分关注或试图强制改变。但若是因为过于怕生，以至于孩子无法与其他人正常相处，他的童年一定不会快乐，长大以后可能还会产生性格问题。这样的孩子，需要父母及时予以帮助。

教育研习录

杨清然小的时候，每当爸爸妈妈带着他兴高采烈地去别人家做客，他总能给原本温馨和谐的氛围带来一丝意想不到的"惊喜"。这个"惊喜"，往往让主人家措手不及，甚至是吓一大跳。原因无他，小清然虽然长得虎头虎脑，圆溜溜的大眼睛嵌在胖嘟嘟的小脸上，看着就像年画里走出来的福娃娃，可爱得让人忍不住想捏一捏。然而，他却有一个让人哭笑不得的特点——胆子非常小。

每当有人想要亲近他，哪怕只是微笑着伸出手，试图给他一个大大的拥抱，小清然就会像是受到莫大惊吓一般，瞬间眼眶就红了，紧接着便是响彻云霄的哇哇大哭。那哭声，委屈中带着惊恐，让人听着都心疼。

起初，大家还能以"孩子还小，认生"为由，勉强化解这份尴尬。但这样的事情，一次又一次地发生，就不免让人觉得孩子的内心存在问题了。杨清然的爸爸妈妈也有些无可奈何，既担心孩子这样的性格会影响到他的社交能力，又苦恼于找不到合适的方法去引导和改善。

终于，在无数次的尴尬与无奈之后，他们决定采取"批评教育"的方式。一次，小清然又因为别人的接近而大哭不止，爸爸和妈妈忍不住当场严厉批评道："哭什么哭，一个男孩子整天哭，真矫情！你这样以后有什么出息！"他们以为，孩子之所以这样，是因为胆子太小了，缺乏勇气，只要严厉地警告他，让他意识到自己做得不对，等长大以后，自然就会慢慢改掉这个毛病了。

然而，事情的发展却并没有如他们所愿。转眼间，杨清然已经上小学一年级了，虽然不会像小时候那样见谁都哭，但他的性格却变得更加内向和孤僻了。

教养的底层逻辑

儿童怕生现象在 8 个月到 2 岁这个阶段很常见，尤其是 1 岁左右最为明显。这是儿童安全感建立过程中的自然反应和自我保护机制，内向的孩子可能更突出。

如果父母因为孩子怕生而过度责备或硬逼孩子和陌生人接触，可能会让孩子更加不安甚至产生恐惧心理。严重的话，孩子可能会选择自闭来保护自己。

父母要认识到，孩子怕生是天性，不是性格有问题或家长没教好，所以不用因此觉得难过或担心。在这个阶段，父母要以身作则，大方得体地待人接物，孩子会看在眼里，慢慢模仿并形成良好的社交习惯。

不过要注意，因为成长环境和家庭教育不一样，有些孩子到了三四岁还是很怕生。这时，父母就要特别关注，因为这可能是社交障碍的征兆。

个性化养育方案

如何陪孩子稳步度过怕生期

1. 接纳与理解孩子的羞怯情绪

当孩子羞怯或哭闹时，父母应控制过激情绪，以开放的心态接纳并深刻理解孩子的情感反应。更重要的是，父母不要一再强调或指责孩子的羞怯行为，以免使孩子形成刻板印象，认为自己天生就是怕生、害羞的，一旦形成这种认知，孩子就会在潜意识的驱使下，自动向着这个方向发展。

2. 积极引导孩子融入外部环境

为了助力孩子克服怕生心理，父母应经常带领孩子接触社会。譬如，节假日拜访亲友，前往公园或游乐场与同龄孩子互动。刚开始时，父母可以通过陪伴参与游戏、讲故事、鼓励孩子交换玩具等方式，引导孩子逐渐融入社交环境。随着孩子对这些环境的日渐熟悉，我们便可以让孩子自主玩耍，自主体验社交的乐趣。

3. 为孩子构建稳固的安全感

安全感充足的孩子，更勇于接近他人，乐于与别人建立友好关系；缺乏安全感的孩子，可能会因为恐惧而躲避生人，进而变得越来越孤僻。所以说，帮助孩子克服怕生心理，关键问题还是构建其安全感。而事实上，孩子的安全感主要源于父母的支持与陪伴。温柔的陪伴能够使孩子成长于安全与自信的氛围中，是治愈怕生心理的良药。

家庭情境训练，
培养孩子当众讲话的能力

> 孩子之间的交流，特别需要语言这座桥梁来增进理解和共鸣。通常，有着共同话题和语言默契的小朋友，能自然而然地融入彼此的世界，一同享受快乐的时光。相比之下，表达能力稍弱的孩子，可能只能眼巴巴地看着其他孩子在群体中自由地玩耍，自己则站在快乐的门槛外旁观着，难以融入其中。

教育研习录

张光源异常沉默，不爱说话。

张光源的爸爸妈妈都是职场上的佼佼者，平日里总是忙忙碌碌，他们虽然深爱着孩子，却忽视了孩子的性格培养。他们以为孩子只要健康、学习好就足够了，对于孩子是否愿意表达自己的想法，是否愿意与人交流，并没有给予足够的重视。

某个周末的夜晚，张光源和爸爸妈妈一起坐在沙发上，享受着难得的亲子时光——共同观看一部动画片。屏幕上，各种卡通人物形象活泼可爱，剧情引人入胜。爸爸和妈妈被其中的两个主要人物深深吸引，忍不住讨论起哪一个更讨喜、更有魅力。然而，坐在一旁的张光源却像是个局外人，一言不发，只是静静地盯着屏幕，眼神中透露着这个年龄不该有的淡然。

妈妈见状，心中不禁有些疑惑。她记得自己小时候，每当看到喜欢的动画人物，总是迫不及待地想要和朋友们分享自己的看法。于是，她轻轻地碰了碰张光源的肩膀，温柔地问道："儿子，这两个角色，你更喜欢哪一个呢？"

张光源被妈妈的声音拉回了现实，他抬头看了一眼妈妈，又迅速低下了头，想也没想就回答道："都差不多吧。"他的声音低沉而平淡，没有丝毫的情感波动。

妈妈没有放弃，继续引导着孩子："我很喜欢那只小熊猫，它看起来很可爱，也很勇敢。你觉得它怎么样呢？"

张光源再次抬起头，眼神中闪过一丝犹豫，但最终还是简单地应了一声："嗯，可以。"

爸爸和妈妈对视了一眼，从彼此的眼中读出了同样的担忧和无奈。

后来，张光源的爸爸妈妈从孩子的老师和同学那里得知了更多关于他的情况。原来，在学校里，张光源也是一个沉默寡言的孩子。每当遇到需要说话的时候，他总是默默地往后躲，生怕被老师点到名字。上课时，他从不举手回答问题，即使偶尔被老师提问到，他也会满脸通红，吭吭哧哧地说不出话来。

教养的底层逻辑

在当下社会，伴随着经济的迅猛发展和人际交往的日益频繁，语言表达能力的重要性日愈凸显。优秀的口才已被视为现代人必备的核心技能。

在这个时代背景下成长的孩子，未来不仅需要具备创新思维和独到见解，还要能清晰、有效地在公众面前表达自己的观点，以精准有力的语言去感染他人、说服他人。

孩子如果能够拥有出色的谈吐，将来无论身处何地，都会受到广泛的关注和重视，他们通常会获得比普通人更多的发展机会和发展空间。

那么，如果孩子内向、不善言辞，父母又该如何引导和帮助他们呢？

个性化养育方案

如何为孩子构建"善表达"的家庭环境

1. 即时倾听,回应孩子的表达需求

通常,孩子回到家以后,会兴奋地跟父母分享身边发生的有趣或新奇的事情。这种时刻,父母应认真倾听孩子的讲述,并通过适当的神态和肢体语言,向孩子传达自己的专注和投入。

若是因为忙碌无法即时倾听,父母也要以和蔼的态度与孩子沟通:"你看,爸爸(妈妈)现在正忙着,稍后我坐下来专心听你说,可以吗?"总之,不要让自己的忽视熄灭孩子表达的热情。

2. 巧妙引导,激发孩子的表达欲望

对于那些性格较为内向、喜欢独处和默默做事的孩子,父母需要策略性引导他们开口说话,充分激发孩子的表达欲望。例如,可以向孩子提出一些开放性的问题,尝试询问孩子在学校的体验,如"老师是如何表扬你的""你在班里最好的朋友都有哪些",等等。

3. 精准指导,提升孩子的语言准确性

孩子在表达过程中可能会出现用词不当、语句不连贯等问题。父母在孩子完成表达以后,应及时协助孩子纠正错误之处,引导他们有条理地组织语言,确保表达的完整性和连贯性。有了父母长期的陪伴和指导,孩子的语言准确性将会得到显著提升。

5 培养合作能力，引导不合群的孩子融入团体

> 没有一个孩子是天生的社交高手。孩子越是在社交场合表现得笨拙、紧张，我们越是要耐心地去引导他们。
>
> 很多事情，孩子只有会做，他才可能主动去做。如果孩子知道如何开口、如何更快地融入一个小团体、如何回应别人的接纳或是拒绝，他就不会那么孤僻。

教育研习录

张海洋是个性格内向、举止文静的男孩子，他的日常生活如同时钟一般规律：每天清晨按时背上书包上学，傍晚又准时踏进家门。学习上，张海洋总是自觉而认真，从不需要父母过多地督促与操心，这让他的父母既省心又欣慰。

进入初中后，张海洋在外表上似乎并没有太大的变化，依然保持着那份难得的懂事与听话。然而，细心的妈妈却发现了一些细微的不同。张海洋变得越来越喜欢宅在家里，即便是周末，他也更愿意蜷缩在自己的小天地里，而不像其他孩子那样外出嬉戏，或是邀请朋友来家中玩耍。很少见到同龄伙伴来家里找他，更不曾见他主动带同学回家做客。

一次偶然的机会，妈妈在下班途中偶遇了张海洋的班主任老师。一番交谈之下，老师不经意间透露出张海洋在校内的一些情况。原来，在学校里，张海洋虽然成绩不错，但性格上的内向让他在与同学的交往中显得有些拘谨，不善言辞的他难以融入集体，因此在同学中的人缘并不怎么好。同学们往往更倾向于与活泼开朗的同学结伴玩耍，而张海洋则显得有些被边缘化。

得知这一切后，张海洋的妈妈才知道，孩子并不是单纯地喜欢安静，而是不懂得怎样社交，无法合群。

教养的底层逻辑

人类作为社会性生物，生活的各个层面均与他人的互动紧密相连，心理健康的培育与发展同样深受群体环境的影响。特别是孩子，他们成功地融入社交群体，是体验快乐的关键途径。

当孩子成功融入群体时，不仅能够收获心理上的满足与平衡，还能通过与他人的交流互动，有效排解内心的困惑与苦楚。

遗憾的是，许多孩子因生活环境的局限与学业负担的沉重，失去了诸多与同龄人交往的宝贵机会，导致他们的社交需求无法得到充分满足。

由于缺少与同龄人的有效交流与沟通，无法及时补充与年龄相匹配的社交常识与技能，这些孩子变得越来越不合群，他们的心理问题也会随着年龄的增长逐渐凸显出来，比如，自负或自卑、患得患失、情绪波动大、心理承受能力较弱等。

个性化养育方案

在合作中培养孩子的集体精神

1. 引导孩子认识合作的重要性

父母可以通过组织需要协作的活动，向孩子展示合作的意义。例如，当需要移动笨重家具时，可以让孩子先尝试独自搬运，体验其困难。随后，父母可以借此机会向孩子阐释人与人之间合作的重要性，并与孩子一同完成搬运，以实际行动展示合作的力量。

2. 让孩子感受合作的愉悦

父母可以设计一些合作性质的竞赛，鼓励孩子通过团队协作来完成任务。若孩子未能完成，父母也不要横加指责。父母要做的是，引导孩子理解，成功的合作并非仅以结果为衡量标准，合作的意义在于参与，只要大家都在全力以赴，并且能够从中获得乐趣，这样的合作就是成功的。

3. 利用游戏培育团队协作精神

父母可以利用团队游戏，有意识地培养孩子的团队协作精神。例如，将孩子们分成若干小组，选择那些必须依靠团队合作才能完成的游戏进行比赛。赛后，与孩子一起分析胜败原因，使他们深刻理解，只有与团队成员紧密合作，才能取得最终的胜利。

叛逆型儿童:

重建有效沟通,共筑密友型亲子关系

理解叛逆背后的声音，倾听孩子的真正诉求

> 每个人的行为背后，都有着他自认为非常合理的原因，小孩子的世界亦如是。
> 这些原因在孩子纯真稚嫩的心里就是绝对正确的真理。
> 如果我们不能透过行为的表象去理解孩子行为背后那些微妙又复杂的想法，自然也就无法有效地引导或者改变孩子的不良行为。

教育研习录

为了让孩子的未来繁花似锦，张天宇的父母倾注了无数心血。他们四处打听，最终找到了三位在当地教育领域享有盛誉的辅导老师，专门辅导张天宇的语文、数学和外语。

然而，出乎所有人意料的是，张天宇并未对此展现出应有的热情与欢迎。每当听到门铃声响起，预示辅导老师来了，张天宇的脸上就会掠过不耐烦的神色。有时，他甚至吝啬到连一句简单的"老师好"都不愿说出口，便找个借口匆匆离开家门。

这样的场景一次又一次地上演，让辅导老师们逐渐心灰意冷，最后，只好与张天宇的父母解除合作。

随着高考的临近，张天宇的父母也开始焦急起来。他们坐下来，与

张天宇进行了一次长谈。

"天宇，你能否理解我们为你请辅导老师的良苦用心呢？"张天宇的母亲此刻眼中闪烁着担忧。

张天宇沉默了一会儿，似乎在思考着什么。然后，他轻轻地点了点头，低声说："我当然是理解的，只是不想说而已。"

听到这样的回答，张天宇的母亲并没有放松下来，而是进一步追问道："那你为什么对辅导老师那么冷淡呢？他们是真心想帮助你啊！"

面对母亲的问题，张天宇深吸了一口气，然后反问道："妈，我已经长大了，我有自己的学习计划和方式。为什么你们还要像对待小孩般约束我呢？我需要的是自由与信任，而不是无休止的监管与安排。"

这一番话，深深地砸在了张天宇父母的心上。他们一时语塞，无言以对。

教养的底层逻辑

当孩子由稚嫩的童年步入青春期，其显著的变化便是独立意识的逐渐觉醒。

在这个阶段，孩子不再对父母的话言听计从，他们开始形成自己的见解，并能够依据个人经历作出判断。此刻，若父母未能及时调整沟通方式，依旧倚仗自己的人生经验来教导孩子，将他们视作一无所知的对象，那么孩子很可能因此产生抵触情绪，不再听从父母的教诲。长此以往，父母与孩子之间就会形成沟通障碍，进而激发孩子的逆反心理，导致他们与父母之间的矛盾愈演愈烈，最终演变为直接对立。

对于青春期孩子的叛逆行为，父母应持以正确的态度，深入了解叛逆背后的原因，而不是单纯地以家长的权威去压制他们。

儿童叛逆常见原因

叛逆原因	详细描述
生理发育	孩子进入青春期后,荷尔蒙水平变化导致情绪波动增大,容易引发叛逆行为
心理需求未满足	孩子渴望独立,追求自我认同。当家庭或学校环境不能满足其心理需求时,孩子可能通过叛逆行为来表达不满和寻求关注
社交圈子	朋友、同学之间的相互影响可能促使孩子模仿叛逆行为,特别是在同龄人的压力之下
家庭环境	家庭关系紧张、父母教育方式不当(如过度控制、缺乏沟通等)可能激发孩子的叛逆情绪
学习压力	过重的学习负担、成绩期望过高可能导致孩子产生厌学情绪,从而表现出叛逆行为
外部因素	媒体、网络等渠道传播的不良信息可能对孩子的价值观产生负面影响,进而引发叛逆行为

个性化养育方案

如何弱化孩子的叛逆心理

1. 摒弃传统的"为你好"教育模式

受限于各种条件,许多家长可能无法实现个人的全部愿望,因此他们往往将期望寄托在子女身上。然而,当家长以成人视角和标准来塑造孩子,而孩子的想法和目标与父母相悖时,矛盾和冲突便会产生。这种情况下,父母应意识到,孩子可能只是在追求自我表达和寻求独立,而并非单纯的叛逆或学"坏"。

2. 积极预防叛逆情绪的出现

父母应从孩子幼年时起,便与他们建立紧密的亲子关系,保持积极的沟通，并以朋友的方式进行日常相处。重要的是，父母要将孩子视为独立的个体并予以尊重，这样有助于孩子保持更稳定的情绪状态。

3. 用旁观者的角度看待问题

当孩子身上出现叛逆问题时，父母应首先审视一下自己和孩子的相处方式。以旁观者的角度去看待孩子的问题，也许我们便会发现，孩子的问题根本不是问题，只是我们矫枉过正，或者单纯认为自己就是正确的，要求孩子无条件服从。有时候，换个角度，看到的东西就不一样了。

以平等、尊重为基础，解决与孩子之间的代沟

> 孩子跟大人一样，有着强烈的被尊重的情感需求。父母越是尊重他、关注他、平等对待他，他越觉得自己很优秀。越觉得自己很优秀，就会处处注意自己的言行举止，处处以父母的期待严格要求自己。这样的孩子只会越来越自律，越来越阳光。

教育研习录

孩子在上初中之前是个典型的"乖乖仔"，不仅性格温顺、听话，而且在学业、兴趣爱好以及社交方面都展现出超越同龄人的优秀，让作为母亲的王璐璐倍感骄傲与欣慰。每当邻里间谈及育儿经，王璐璐总是满脸笑意，分享着与孩子之间无障碍沟通的秘诀，那份亲密无间的母子情感成为她心中最宝贵的财富。

然而，随着孩子步入初二，一切都悄然发生了变化。孩子的成绩开始出现不稳定，时而高光，时而低谷。更令王璐璐感到焦虑的是，母子间的相处也不再像从前那般顺畅。尽管孩子依然愿意开口，分享自己的想法和困扰，但那份毫无保留的信任似乎蒙上了一层薄雾，母子间的互动多了几分小心翼翼。

转眼间，孩子踏入了高中的大门，这是一个全新的阶段，也是一个

充满挑战与变革的时期。高中快节奏、高强度的学习压力，以及青春期特有的心理波动，让孩子仿佛一夜之间变了个人。曾经那个愿意在饭桌上滔滔不绝分享日常的儿子，如今却成了"关门主义者"，每天放学后的第一件事就是躲进自己的房间，沉浸在个人的世界里，音乐成了他最忠实的伴侣。

王璐璐看在眼里，急在心里。她尝试用各种方式接近儿子，希望能重新建立起那段亲密无间的关系。一次，她特意挑选了一个看似轻松的晚餐后时光，鼓起勇气敲响了儿子的房门，满怀期待地提出散步的建议，希望能借此机会拉近母子间的距离。然而，回应她的却是儿子那略显不耐烦的眼神和简短而直接的拒绝，那份明显的排斥感，像一把利刃，刺痛了王璐璐的心。

这究竟是怎么了，曾经那般美好的母子关系，怎么会变成现在这样？

教养的底层逻辑

由于父母与子女所经历的时代背景和社会环境迥异，导致两代人在生活习惯与思维方式上呈现出显著的差异。这种差异，不可避免地催生了所谓的"代沟"。然而，这种代沟应当仅限于认知层面，而不应渗透到情感层面。换言之，尽管父母与孩子在知识与观念上可能存在分歧，但在情感上仍应保持紧密的联系。

作为家长，应当避免以代沟为理由来为自己的教育疏失开脱，更不能因此而忽视两代人之间可能出现的情感裂痕。实际上，代沟的产生具有其必然性，它既有积极的一面——体现了孩子的成长与发展，也有消极的一面——可能阻碍亲子间的有效沟通。然而，这种两面性并不应引发我们过度的情绪反应，因为从更宏观的角度来看，代沟不过是社会变迁与个体发展过程中的一种自然现象。

倘若我们能够以一种更为理性和建设性的视角来看待代沟，将其视为一种潜在的、良性的冲突，那么它就有可能转化为促进亲子之间相互了解与关系深化的有力工具。这种视角下的代沟，不再是一个需要被消除或回避的问题，而是一个可以被有效利用的资源，有助于增进两代人之间的相互理解与尊重。

个性化养育方案

如何尽量降低代沟带来的负面影响

1. 当代沟出现时，保持理性认知

孩子成长的核心任务是构建并优化自我认知。因此，子女与父母观念产生分歧，实际上表明他们开始形成独立的思考体系。只要他们的观点合理，父母应给予支持，并引导他们树立正面的价值观。

2. 有效聆听才能增进亲子共情

为了真正理解并尊重孩子，父母需要倾听他们的声音，感受他们的情绪和观点。为此，父母在交流时应注意以下几点：

其一，在与孩子对话时，应暂时搁置其他事务，全神贯注地投入对话，以此展现对孩子的关爱。

其二，父母应明确聆听的目的，即深入了解孩子的思想和情感，因此，应鼓励孩子坦诚表达内心想法，并以理解而非批评的态度回应。

其三，在这一过程中，父母需反思是否真正听到了孩子的心声，以及孩子是否对自己毫无保留。

3. 选择孩子情绪好的时候进行沟通

人们在心情愉悦时更易接纳他人观点。因此，父母应在孩子心情愉快时与其交流，利用这一时机引导孩子分享学校中的趣事，从而展开对话。若孩子情绪低落，父母应通过关心询问来了解其不开心的原因。

当孩子不愿交流时，父母可以尝试营造轻松、愉快的聊天氛围，甚至主动分享自己的故事，以此激发孩子的表达欲望。这样，孩子往往会自发地加入对话，分享他们的经历和感受。

淡化规则与期望，给予孩子适度选择权

> 每个人都应该具备自主选择的能力，能够决定自身的思维方式、情感体验以及行为模式，并且可以对外部环境作出相应的积极反应。这是人类的基本生存技能之一。然而，对于孩子而言，这份领悟需要相对较长的时间来获得。这份领悟，实质上是父母引导孩子独立时所赠予的最为珍贵的礼物。

教育研习录

隋然然与母亲之间的关系近来日渐紧张，这一切还要从头说起。

起初，隋然然以学业负担日益加重为由，向母亲提出了暂停小提琴学习的请求。母亲听后，内心非常犹豫。隋然然的小提琴之路，从最初的蹒跚学步到顺利通过六级考试，每一步都凝聚着母女二人的汗水。放弃，对于母亲而言，无疑是对过往努力的否定。然而，望着女儿日渐消瘦的脸庞和深夜仍亮着的书桌灯，母亲最终选择了理解。

然而，母亲在帮助隋然然整理房间时，却意外地揭开了一个秘密——在书桌的角落里，藏着隋然然精心绘制的图画。母亲的心顿时被一股莫名的情绪所笼罩。她决定对隋然然进行一次突击检查，结果，正如她所料——隋然然根本不是在全力学习，而是在醉心画画。

那一刻，母亲的愤怒如火山般爆发。她无法理解，为何女儿要欺骗

她，将宝贵的学习时间浪费在画画上。在母亲看来，图画虽美，却不及音乐来得实际与高雅。她不顾隋然然的哀求，将那些画作付之一炬，仿佛要烧掉女儿心中那份不切实际的幻想。母亲强硬地要求隋然然重新拿起小提琴，继续那条她认为更光明的道路。

在母亲的强烈要求与严密监视下，隋然然虽然重新拿起了小提琴，但她已经无心向学。她的小提琴水平停滞不前，甚至开始倒退，每当夜深人静，她总是被噩梦缠绕，梦中自己在小提琴考级中表现糟糕，那份无助与恐惧，如同冰冷的寒流，侵蚀着她的心灵。

其实，隋然然在绘画方面很有天赋。母亲并非完全不知女儿对绘画的痴迷，但她固执地认为，兴趣是可以培养的，而音乐，对于女孩子而言，既能陶冶情操，又能增添气质，未来更有可能成为一份稳定的职业。她忽略了女儿眼中对绘画的渴望。

在母亲的眼中，隋然然放弃小提琴转而投入绘画，是一种"不务正业"，是对未来的不负责任。她决心要纠正女儿的这种"错误"思想，却未曾意识到，真正的幸福与成功，往往源自对内心热爱的坚持与追求。母女之间的这场较量，不仅仅是关于兴趣与选择的斗争，更是两代人之间观念与理解的碰撞。而在这场碰撞中，如何找到平衡与理解，或许才是她们需要共同面对的课题。

教养的底层逻辑

为什么家长总觉得自己的想法应该凌驾于孩子的兴趣之上？

为什么当父母与孩子的意愿产生分歧时，父母总认为是孩子的想法存在问题？

如果孩子的本质是一棵婀娜的柳树，父母却坚持朝着参天大树的方向对孩子进行培养，孩子难道就能如你所愿，长成参天大树吗？

有些家长过于刚愎自用，总觉得自己做出的选择对孩子来说最有利。

这种自以为是的态度导致他们忽视了孩子的个性化需求。他们无法洞察孩子身上的独特优点，反而过度聚焦于孩子不符合"主流"的地方。因此，他们急于"校正"孩子的成长轨迹，期望他们按照自己设定的"理想"路线发展，最终，不仅给孩子带来极大的痛苦，自己也疲惫不堪。

个性化养育方案

把选择权适当还给孩子

1. 认同孩子的决定

随着年龄成长，尤其是步入初中阶段以后，孩子的思维能力和辨析能力逐渐成熟起来，他们对自我定位及自身优势有着明晰的认知。因此，在面对关乎未来走向的抉择时，父母应更多地聆听孩子的声音，赋予他们一定的自主决策的权利。

2. 尊重孩子的选择权

父母应当学会尊重孩子的选择，允许他们适当主导自己的学习和生活。父母的放权，不仅能够激发孩子强烈的自我约束力，还能帮助他们建立起成就感、价值感和责任感，这是孩子成长过程中不可或缺的一环。

3. 对孩子选择提供指导，避免直接介入

在孩子面临选择困难时，父母的角色应该是支持者和指导者，而非主导者。父母从旁协助，引导孩子独立选择，孩子才能获得拓展自身才能和实际锻炼的机会，同时也能从不当选择中吸取教训，避免重蹈覆辙。经过反复的实践和体验，孩子的选择判断能力自然会得到显著提升。

4 懂得妥协和退让，培养孩子自省心

> 孩子知错、认错、改错，绝不会发生在冲突与对立之中。即使他们迫于权威，首先低头，必然也是言不由衷。所以，要使孩子自愿、自动、自觉改正自己的不良行为，首先必须给予他们一个能够认识到错误的氛围环境。这一步，理应由父母先行迈出。

教育研习录

一名经常用拳头解决问题的学生，因多次违纪被原先的学校作出了严厉的处罚——责令退学。面对这样的打击，他的家庭并未放弃，而是四处奔波，最终为他争取到了去另一所学校继续学习的机会。然而，习惯的力量是巨大的，转学后的他依然难以改变过往的行为模式，稍有不如意便以暴力相向，他成为新学校里的一颗"定时炸弹"。

某天，一场突如其来的争执再次升级成了肢体冲突。班主任将他带到了办公室，本意是希望他能深刻反省，通过书写检讨的方式来认识并改正自己的错误。但出乎意料的是，这位学生似乎早已对自己的未来失去了信心，面对老师的要求，他以一种近乎挑衅的语气回应："反正我在哪里都是这个结果，迟早要被开除，何必多此一举，写什么检讨呢？"

面对这样的态度，班主任并未立即采取强硬措施，也没有直接批评

或责备。相反，他轻轻地叹了口气："哎，真是老师无能啊！看着你这样一棵原本可以有无限可能的苗子，却因为缺乏正确的引导而走上歪路，我感到无比的痛心。我对不起学校对我的信任，更对不起你父母对我的期望。"说完，老师留下了一个意味深长的背影，将学生独自留在了办公室，仿佛是在给他一个空间，去体会那份沉甸甸的责任感和被放弃的失落感。

这突如其来的"冷落"和老师的那一声沉重的叹息，如同一记重锤，击中了孩子的内心。他开始反思，自己是否真的如老师所说，是一个无可救药的"坏学生"？是否真的要让自己的青春在无尽的打斗和处分中消逝？那一刻，他萌生了改变的念头。

接下来的日子里，奇迹般地，他不仅主动完成了那份迟来的检讨，还开始积极寻求改变。他加入了学校的心理辅导小组，学会了用更健康的方式处理冲突。在老师和同学们的帮助下，他逐渐找到了学习的乐趣，成绩也有了显著提升。最终，凭借着不懈的努力，他以优异的成绩考入了心仪的大学。

多年后，每当提及这段经历，他总会感慨万千："老师的那一声叹息，对于我而言，是一种无声的震撼。它让我意识到，即使是最不被看好的学生，也值得被挽救，也有机会改变命运。我永远也忘不了那一刻，它成了我人生的转折点。"

教养的底层逻辑

孩子在成长阶段所犯的大多数错误，本质上属于成长中的失误而非恶劣行为，因此无须父母如同执法者般严格依照规则进行惩处。面对孩子成长过程中出现的偏差行为，父母应避免过度反应，甚至忽视孩子的心理健康，一味坚持所谓的原则。实际上，适度的妥协、退让、示弱或暂时搁置问题，有时反而能收获到意想不到的正面效果。

妥协与退让的背后，蕴含着对孩子的深刻理解与共情。孩子行为问题的产生往往有其特定的原因，父母需要站在孩子的立场进行深入思考，对其行为背后的动机给予充分的理解。这是父母必须承担的责任。因为作为有经验的引导者，我们应主动接近孩子，而非固守原则，期待孩子来理解并顺从自己。一般而言，只要父母能够充分展现出对孩子行为动机的理解，孩子就会逐渐向父母靠拢，慢慢体会到父母的良苦用心，进而开始自我反省，认识到自身的问题所在。

个性化养育方案

R=TLC

1. R 代表责任（Responsibility）

我们的目标是培养孩子学会自我觉察，让他们意识到自己的行为和选择所带来的后果。我们需要鼓励孩子承担起自己的责任。当孩子犯错时，我们不要直接替他们解决问题，而是要引导他们反思错误，并鼓励他们提出解决方案。

2. T 代表思考力（Thinking Ability）

当遇到问题时，我们应引导他们分析问题，而不是直接告诉他们为什么不对、为什么不可以。我们应该带着孩子一起追根溯源，一起制订改进方案，让孩子在参与的过程中知错、认错。

3. L 代表爱的能力（Love Ability）

爱的能力不仅仅是指孩子能够感受到父母的爱，更重要的是他们要学会如何爱自己，并以尊重和同理心对待他人。我们需要努力让孩子在家庭中感受到温暖和爱，让他们明白，爱不是单方面的索取，而是相互的付出和尊重。我们需要教导孩子，自我放弃是不自爱的表现，鼓励他们学会珍惜自己，关注自己的需求。同时，我们也要引导孩子学会关爱他人，重视和促进对他人的有利之事，培养他们的同理心和社交能力。

4. C 代表信心（Confidence）

培养孩子的信心，可通过"微目标"让孩子从易到难积累成功体验，如从喂鱼到照顾宠物，用小成就强化"我能行"的认知；让孩子做喜欢的事，如果他喜欢搭积木，就支持他拼复杂模型，告诉他"你拼的城堡特别厉害"，他越喜欢就越愿意坚持；孩子失败时，要多鼓励，让他知道努力比结果更重要。这样做，孩子才能在行动中建立持久信心，遇到事敢承担、能坚持。

纠正叛逆型儿童，合理把握"严、冷、热"

> 家庭教育，绝不应该简单粗暴地以"非黑即白"的单一视角去审视与裁决。每个孩子都具有独一无二的特性。教育之道，在于因材施教、温柔引导，于细微处见真章，在平凡中孕育非凡。

教育研习录

妈妈又一次在深夜里发现儿子躲在被窝里偷偷玩手机。她的心里顿时五味杂陈，既有对孩子健康与学习的担忧，也有一丝因孩子屡教不改而生出的无奈。

"这么晚了，怎么还在玩？"妈妈的话语中带着几分责备。她自然而然地将手机从儿子手中接过，准备像以前一样，暂时保管。然而，这次儿子的反应却超乎她的预料。

"如果你不将手机还给我，我就从楼上跳下去！"儿子的声音带着一股不容置疑的决绝，那双眼睛此刻充满了威胁的意味。

妈妈愣了几秒。几秒钟的静默后，她深吸一口气，语气平和而坚定地说："穿上衣服，先跟我到客厅，我们再谈。"儿子虽然心有不甘，但在母亲那双不容拒绝的眼神下，还是乖乖地穿好衣服，跟着母亲来到了客厅。

客厅里，灯光柔和。妈妈看着儿子，语调不免有些哀伤："我收手机的目的，是让你有充足的睡眠，有充沛的精力去学习、去拥抱未来的生活。网络世界虽精彩，但现实世界同样值得你去探索、去珍惜。如果因为一部手机，你就连自己的生命都不顾了，那我收这手机又有什么意义呢？手机你拿回去吧。"说完，妈妈将手机轻轻放在茶几上。

这一刻，空气仿佛凝固了。儿子望着母亲，那双眼睛里不再是先前的倔强与挑衅，而是多了几分复杂的情绪。他没有立刻伸手去拿手机，显然，母亲的这番话以及她的退让，让他陷入了深深的思考之中。内心的冲突与挣扎，让他沉默了两三分钟。

终于，他缓缓开口："妈妈，手机……暂时还是先放在你这里吧。等我放假的时候，再来取。"说出这句话时，他的语气里带着一种释然，仿佛是在做一个对自己、也对母亲都负责任的决定。

就这样，一场原本可能引发激烈亲子冲突，甚至导致不可挽回后果的事件，得到了平息。

教养的底层逻辑

叛逆型儿童的教育管理，常使父母们陷入极具挑战性的两难境地。

一方面，叛逆的孩子往往对权威有着本能的抗拒，过度严厉的教育不仅难以触及他们的心灵，反而可能进一步激发他们的逆反心理，导致家庭氛围紧张，亲子关系疏远，教育效果大打折扣。孩子们可能会感到被误解和忽视，从而更加封闭自我，甚至在某些极端情况下，可能会出现行为问题或心理问题。

另一方面，如果父母过度宽容，那么孩子可能会失去必要的约束和引导。在缺乏明确界限和规范的环境中成长，孩子可能会放任自流，难以形成健康的人生观和价值观。

因此，如何在宽与严之间找到一个既科学又合理的平衡点，成了摆在众多家长面前的一项重大课题。这要求父母们具备高度的教育智慧，能够根据不同的情境和孩子的性格特征，灵活调整教育策略。

个性化养育方案

如何在严、冷、热之间找到教育平衡

1. 严：明确的界限与规则

严并非指严厉的惩罚或大声斥责，而是指设定明确的界限和一致的规则。叛逆期的孩子往往渴望自由，但同时也需要明确的规则来引导他们的行为。这些规则应当合理、具体，并且应与孩子共同制订，以获得他们的认同。例如，设定固定的作息时间、家庭分工、学习时间等，让孩子明白生活中的选择都伴随着相应的后果。

2. 冷：冷静与耐心

当孩子表现出叛逆行为时，父母首先要保持冷静，不要立即发火或采取过激的行为，而应耐心倾听孩子的想法和感受，了解他们叛逆背后的原因和需求。叛逆行为往往与孩子的情感需求得不到满足有关，因此，父母要给予孩子充分的理解和支持。

3. 热：积极的引导与支持

父母要成为孩子的引导者和支持者，而不是批评者和指责者，通过鼓励、支持和陪伴，帮助孩子建立自信心和找到解决问题的方法。

在这个过程中，建立信任是稳定亲子关系、实施有效教育的基石。而在一定范围内给予孩子适当的自主权，让他们有机会自己做决定和承担后果，则是正确引导的必要手段。